THE NEW FRENCH POETRY

EDITED BY

DAVID KELLEY
JEAN KHALFA

BLOODAXE BOOKS

ISBN: 1 85224 260 4

First published 1996 by
Bloodaxe Books Ltd,
P.O. Box 1SN,
Newcastle upon Tyne NE99 1SN.

Bloodaxe Books Ltd acknowledges the financial assistance of Northern Arts.

Thanks are due to the Ministère des Affaires Étrangères, Paris, and the Service Culturel, the French Embassy, London, for their assistance and for help given towards translation costs.

Cover printing by J. Thomson Colour Printers Ltd, Glasgow.

Printed in Great Britain by
Cromwell Press Ltd, Broughton Gifford, Melksham, Wiltshire.

Pour Manoar

J.

To the A's in my life

D.

TABLE

CONTENTS

ACKNOWLEDGEMENTS

Grand merci to all those who helped with this book, and especially: Fiona Abercromby, Marcelle Ben Soussan, Peter Collier, Janine Deschamps, Arthur Gibson, Siân Jones, Gérard Macé, Laurence Picken, Marie-Anne Poots, Nicholas Postgate, Peter Riley, Bruno Roy (and Éditions Fata Morgana), Trinity College Cambridge, Caroline Warman, and all at the French Embassy in London.

Thanks are due to the following publishers for their help and for permission to reprint work in this book: Éditions Belfond, Flammarion, Gallimard, Fata Morgana, and Folle Avoine.

Thanks are due to Éditions Gallimard for the photographs of Louis-René des Forêts, Edmond Jabès, Gérard Macé, Joyce Mansour, Bernard Noël and Jacques Réda, which are all by Jacques Sassier; to Peter Collier for the photograph of Gisèle Prassinos by Anise Kolz; to Jean-Michel Maulpoix and Lorand Gaspar for their photographs; and to the following authors and photographers for theirs: Yves de Bayser (Paul Relea), Jacques Dupin (John Foley), Franck André Jamme (Nicole Viellard) and André Velter (Marie-José Lamothe).

INTRODUCTION

> When you refuse the temptations of an elsewhere, the illusions of a beyond, the mirages of a future. And you stand there on the ground, as close as you can to things, listening to yourself, eyes open, and persisting.
>
> JACQUES DUPIN: 'Difficulty of the sun'
> (*À propos de Pierre Reverdy*, 1970)

The prefaces of literary anthologies often end up dealing with the subjectivity of their editors: 'this choice (only) reflects our taste'. Titles mislead: this is not an anthology in that sense, if only because what these writers share is precisely their refusal of subjectivity as a starting-point, a model which poetry would endeavour to *express* in a usually lyrical use of language. Seen in this light, and in as much as they are statements of a complicity between two subjectivities, that of the writer and that of the reader-critic, judgements of taste are not relevant to an understanding of works such as these. Not that we favour a poetry aiming only at the exact representation of things, which is in fact another, possibly even more naive, incarnation of the subjectivist illusion (the self marvelling at nature). Where this poetry is concerned, the self is actually at the end, in the weaving of meanings and images, and the process is more one of invention, *poiesis*, than of expression. This is why rather than speak of identities and schools, the traditional objects of anthologies, we would prefer to speak of veins, as in the vein of an ore, running in contingent lines, along geological rather than geometrical topologies. The poetic veins which intersect here share some features, not always the same ones nor of the same weight or density – as in a Wittgensteinian family resemblance or a Deleuzian rhizome – but all essential to an understanding of the extraordinarily rich current production of poetry in French.

If illustrating a "style" of writing, or giving examples of a specific poetic identity did not make sense to us, neither did the idea of assembling, for each author, a florilegium of pieces presumed to represent their best work. In some cases (Louis-René des Forêts, Gérard Macé, Jacques Réda) we have chosen whole books; in others, 'circumstantial' texts (as in Edmond Jabès' review of Roger Caillois' collection of poems about stones, or Lorand Gaspar's reflections on the biology of desert animals from Pliny to Fabre). But we always chose long texts which, in the struggle of translation seemed to us to exemplify, through the unity of their movement, an original opening onto things and words: 'calm blocks' (Mallarmé), seized in the strength of their coherence, rather than fragments.

*

The kinship between these texts shows through particular themes: pure presence, perceived in the barest or in the elementary; memory, as the creation of self and time; dream; and language.

m o r e   t h a n   o n c e   a t   d a w n
    in the deserts of Ram and Tubeg
    or further south on the eastern
    shores of the Red Sea where
    pink granites veined with lava, soft grits
    and blinding gypsum relent their slopes
I   h a v e   d r e a m e d   o f   a   g e n e s i s
    the Universe born continually
    not by a command given from outside
    but abundant but full of its music
    infinitely compacted stone to be there
    filled with the dance whose every vibration
    drills into the light –
f u g u e   o f   a r c s   i n   c l a r i t y   a n d   d a r k n e s s
    with no departure, no conclusion
    bursts out of bursting-out

LORAND GASPAR

I can see myself again in the deserts of Egypt, looking for flints – yellow, sometimes brown – unearthing them, collecting them for their human face, suddenly emerged from their nothingness – for a face of the eternal man fashioned by time in centuries rather than in moments – for their face living against life.

Alone, amidst the sands whose every dune witnesses the exhaustion of the wind, the desertion of the world, I would be contented with the appearance; whereas it is within the stone that the labouring heart of death beats with genius, and is written, in celestial or infernal pulses, the enclosed universe of eternity.

EDMOND JABÈS

Those accustomed to the rich imagery of Surrealism, which dominated French poetry before the Second World War, or to the celebrations of the historical destiny of humanity which took over in the wake of Resistance poetry (several prominent authors, such as Aragon or Éluard having attained distinction in both traditions) and to existentialist theories of "committed" literature, will be surprised by texts which read like an ascesis, a rejection of life, and where poetry's first gesture is to make space for an experience of the bare presence of the world. In fact, such a withdrawal also has its history in modern French poetry. The work and personal influence of René Char, Henri Michaux and, perhaps more profoundly, of Pierre Reverdy, had given weight to a conception of poetry as the exploration of being itself, which both precedes and

surpasses the psychological and the historical self: a conception which in turn finds its origin in the work of another poet attracted by deserts, Arthur Rimbaud.[1]

*

days and ways come running
the non-poet lives in a dream

YVES DE BAYSER

Life, whether in nature and history, or in thought and interpretation, obscures the question of presence because it is passage, from place to place, form to form, hope to fulfilment or failure, and from image to meaning. 'Sacrilegious appears life, and all movement come from the fleeting,' writes André Velter of a desert of ice. And even religion which is born out of a questioning of presence explains it away by postulating a command of creation 'given from outside' as Gaspar wrote. Again the essential, the singularity of presence is hidden, beneath a time, a linking or an ordering of events come from outside, in the end, a prose. This is why, when time and passage themselves are at stake, as in Jacques Réda's *Elegiac calendar* or Gisèle Prassinos' *Indian Summer*, the perfect season is that which does not seem to contain in itself even the germs of change.

In truth winter is the most perfect of seasons
In which each branch fills with precision its form
And is no more than a branch, repeating
Its perfect presence between the sleeping depths
Of daylight and the unrumbling torrent of the clouds;
No: not the slightest thrust, not even quiet;
No hidden lesson, no presage of the future –
But there, upright in the seemingly uninhabited air,
Devoid as sometimes one is of hope and of images.

JACQUES RÉDA

Or

Oh to seize this surge of earth
by its soft bare skull
just where the azure curve mouths its silent embraces.

GISÈLE PRASSINOS

Similarly, Jean-Michel Maulpoix's *In search of the Rising Sun*, fragments the apparent unity of time into a multiplicity of different pulsations:

To make the blue-tits' exotic laugh ring out
Press your ear from six to seven to the hearts of butterflies
Watch the daylight spiral in erratic clouds of insects
And slow a little the flowers' frantic pulse.

Here, if desire arises whenever the pulsations underlying continuity are perceived, it may be because a poetry of pure presence is also a poetry of the body.

In his poetry as well as some of his prose (such as his astonishing erotic novel *Le Château de Cène*) Bernard Noël explores the original link, prior to language, between bare presence and the body, in particular through the eye:

Seeing comes infinitely prior to speaking.
Seeing for ages was all that thought did.
Seeing was filling the head with the skies.
And with air. With all sorts of space.
When speaking was added to seeing,
The eye moved down into the mouth.
When writing was added to speaking,
The mouth moved down into the hand.
The eye played its part in the move,
But still under sway of the mouth.
The hand wants to break this constraint:
It wants to relate to the eye
With no intermediary powers
As it does when it paints.

the darkness of time is a fingernail
behind the eye
we should hold our tongues
until the beginning of time
. . .
the tongue slips down beneath the stones
being there suffices
. . .
there is no subject
no depth
. . .
I write out of love for the eyes
which are my contents

BERNARD NOËL

If, as Noël again writes, 'Poetry in rejecting the line rises once more erect upon the page and recreates an origin,' it is because the experience of the here and now of pure presence, unadulterated by evolution and change, breaks up the linear flow of a language which, within its own production of meaning, shapes a world for

us but at the same time distances us from the singularity of what is truly given. To recall Merleau-Ponty's expression, the world is prose, and prose always refers the given to a past, to what has already been seen and said, in other words to generality and abstraction.[2] Paradoxically, the elementary (sand and stone, sea and ice, wind and cloud) is the most concrete, what we might have been spontaneously tempted to call the most prosaic, because it is rich with an infinity of singular figures of being. Its shapes do not fall under fixed "natural" forms. Thus, far removed from novel-writing, a poetry of the elementary discovers its own proximity to the visual arts, especially when they abandon representation in favour of exploring the conditions of presence itself (hence the links of many of the authors represented here with artists such as Giacometti, Da Silva, or Alechinsky – again a tradition of collaboration which can be traced back to that which united poets like Apollinaire and Reverdy to the Cubists).

But this focus on presence, which, in most of the post-war poets, is essentially non-mystical, and more generally non-religious, implies an acute awareness of void as its necessary background. Like the end of the text by Jabès, the first verse of des Forêts' *Poèmes de Samuel Wood* stresses that the hopes placed in the power of the elementary to animate language might also be an illusion and lead to nothingness rather than pure presence (even though the whole poem is a slow reversal of this attitude):

Hear his tiny nibbling noises, admire his patience
He seeks, seeks tentatively, and yet he seeks.
Will he at least, will he make some kind of order
Clear away, clean up the nooks and crannies
Of this lumber-room which is his head, his own,
Where he turns in circles seeking in vain his voice
Save when the wind goes howling through the woods,
When the sea-surge rolls, tops with foam the jetties,
When nature sets language to its harsh régime,
Teaching it sometimes wild and savage harmonies
But sometimes airs as sweet as the piping of a bird,
Be it that same bird that sings or the babbling of a brook.
Say we then the voice should to the elements be tuned
Or say the opposite, we say the same and nothing.
Those words used and abused by all until their dying day,
Who ever saw them rustle the leaves, infuse with life a cloud?
Vain question, and vain the pursuit of what when seized
Is let escape for fear its substance be corrupted.
Too lovely those images numbed in their poses,
Not to want them stripped and whipped till they bleed.
And so he stands back bowed on a narrow strip of land
As a beast digs a hole, he will make of it his grave.

*

In any case, the illusions (and boredom) of a pre-existing continuous identity, even when seen through the meanderings of interiority and the unconscious, or through those of the histories of men, have to be broken. Mansour's poetry is this cry of rebellion against history and religion:

I swallow cries the anus
The universe of lies…
I swallow cries the pit-fall
The peoples of the past
Engulfed in the dust
Of gloss

If memory can become significant again, it is not as an abstract repository of memories unified as past, nor through the mnemonics of regular versification, but, on the contrary, as the (sometimes violent) presence of the past, of an Other, within the present of a consciousness. Subjectivity is then born out of these multiple presences, rather than being their rational foundation.

Thus in *Traille de l'aieul* (*My grandfather's cable-bridge*) and *Lai de la serpillière* (*Lay of the floor-cloth*) Jacques Dupin articulates the physical characteristics of images from his childhood (the oval of the grandfather's cable across the river, which is at the same time the shape of the notary's coat of arms; or the complex torsade of the mother's twisted floor-cloth, both coarse and moist, with its snakelike track) which inform both consciousness and desires, and structure his writing:

I am like the desire
for fleeting, sultry heat

impregnating with black soap
her cold metonymy

there still here already
like water guilty and clear

Similarly, it is through memory and dream that des Forêts invents another self, aptly named Wood: a being made up of language, but whose identity and continuity, and even eternity – in an unexpectedly Lucretian turn – are not based on meaning, but on timbre:

A shade perhaps, merely an imagined shade
Named merely for the sake of naming
All links broken with its actual face.
If making heard a voice which comes from far away
Untouchable by time and by its wearing
Proves to be no less illusory than dream
There is yet within that shade some thing which lasts

Even once its sense has disappeared
Its sound still sounds at distance like a storm
Quelling or threatening impossible to know.

*

So, like the bird of prey at the beginning of Franck André Jamme's poem, the poet is in search of a pure presence ('the thing screaming with life and light'), and this requires him to break up the approximations of language. In de Bayser's *Inscription*, the figure of the poet speaks

and says clouds
beautiful challenges to my foreign tongue
beautiful disfigurations
less blue less black than your sky

Still, such work can only take place in language. This is why many of the texts here are also reflections on language and sometimes even "arts poétiques", such as Bernard Noël's *Où va la poésie?* and Gérard Macé's *Leçon de chinois*.

Both of these texts deal with what could be called the picturality of a poetic use of language. We have seen that Noël insisted on the 'verticality' of the written or printed poem, and on the page itself, including its voids, which are part of the text. Verticality means that the arrangement of the poem on the page, makes it a bi-dimensional object, breaks the linearity of a possible narration. No longer is the page a physically convenient means of storing and displaying what was perceived as fundamentally unidimensional and successive, and therefore almost non-physical. The patterns of relationships between words it draws visually, within the simultaneity of each gaze, contribute to the articulation of meanings. This is also why the regular structures imposed on the voice by traditional versification and prosody are no longer necessary to assert the continuity of a presence, or a memory, throughout the unfolding of a poem's meanings.[3]

What Macé adds is that in a sense, writing poetry is like learning an absolutely foreign tongue, where language speaks by itself, where meaning seems to come from the signs themselves, as in the non-linear or non-conjunctive Chinese language:

> What would we do with a language with 'no substantive, no adjective, no pronoun, no verb, no adverb, no singular, no plural, no masculine, no feminine, no neuter, no object, no main clause, no subordinate clause, no punctuation'.

In Chinese each sign seems to generate a totality of meaning:

> From language to places at table, cosmogony is everywhere: from the meanest element a whole universe is engendered. As, in painting, a single brush-stroke suffices to split sky and earth.

Dream or illusion maybe, but which explains another important characteristic of modern French poetry: the attention it pays to the book as an object, as an integral and autonomous unit of meaning, rather than the indifferent space of a collection of texts (an attention which goes down to such details as typography or even paper quality, and which has been served by some of the best small publishers of the century, such as Guy Levis Mano, Tériade, and Fata Morgana).

*

The impossibility of a lyricism of the person, or the individual, the importance of the spatial and visual arrangement of the poem on the page (and the resulting collaboration between poets and visual artists in 'livres d'artistes'); the underlying philosophical assumption that poetry can exist as a form of knowledge, allowing a true experience of reality, or as an ontology, even though true reality is no longer of a metaphysical or religious nature – these are important aspects of contemporary poetry in France. They are not the only ones. This book is the history of some readings and encounters, in particular in Paris, Montpellier, and Cambridge. Our prospecting has already taken us further in this rich land, as, no doubt, the reader's will in turn.

JEAN KHALFA

NOTES

1. Marie-Claire Bancquart's article, 'D'une intériorisation de la poésie' (in her *Poésie de langue française 1945-1960*, Paris, 1995) gives a lively account of the conflicts within post-war French poetry, through a study of reviews of poetry in the main literary journals.

2. See 'Le langage indirect et les voix du silence', an important article first published in 1952 in *Les Temps Modernes* and reprinted in *Signes* (1960).

3. This shift from poetry as voice to poetry as writing was first theorised in French by Mallarmé in his famous *Crise de vers* of 1886-1896. On poetry and memory, see Jacques Roubaud's *L'Invention du fils de Leoprepes* (1994).

YVES DE BAYSER

Inscrire
(granit 1979)

passent la lune et l'orage et le calme et le jour
le livre de paroles expirées dicte à l'écho
la phrase d'un nom souffle aspiré par souffle et signe
et toujours et toujours, luminaires, les deux crépuscules
du premier poème, le muet parle en la langue étrangère

*

quand le poète mon seigneur qui
poursuit l'air et pêche l'eau
interroge un arbre il
se tient près des arbres à mon image
près des pierres mes créatures
nuages, dit-il, beaux défis à ma langue étrangère
beaux défigurés moins bleus moins noirs que votre ciel
ni l'écorce des ans ni l'or, suis-je muet
disgrâce de la nuit
rossignol guéri de sa gorge
l'air appelle à grands cris ses oiseaux tués

avec le matin et le songe
matin des disparus et des agiles
puissant soleil souverain sommeil petite fleur
sur les prairies de notre lit défait
et de nos tombes vides

les yeux en friche les yeux curieux de larmes les
mains apprivoisées ce pays fut celui de l'air

*

YVES DE BAYSER was born in 1920. His first published poem, *L'Affût*, came out in 1946 in the distinguished review *Fontaine*. He published in most of the reviews of the period, in particular in *Le Mercure de France*, *Les Cahiers du Sud* and *Le Temps de la poésie*. In 1953, with the help and encouragement of René Char and Albert Camus, he published *Églogues du tyran* (Gallimard), a strong and impressive condemnation both of fascism and Stalinism. Collections of his poetry and translations were published by G.L.M, Obliques, and Granit. In 1979 he was awarded the Prix Mallarmé.

Inscription

(translated by David Kelley)

moon and storm and calm and daylight pass
the book of expiring words dictates to echo
the phrase of a name breath breathed in by breath and sign
and for ever and ever stars of day and night
morning and evening twilight of the first poem
the dumb man speaks in the foreign tongue

*

when my lord the poet
chasing air and fishing water
questions a tree
he stands close to the trees in my image
close to the stones my creatures
and says cloud, beautiful challenges to my foreign tongue
beautiful disfigurations less blue less black than your sky
neither the bark of the years nor gold
am I dumb disgrace of the night
nightingale cured of its throat
the night calls with loud cries its massacred birds

with morning and dream
morning of the quick and the disappeared
powerful sun sovereign sleep tiny flower
on the meadows of our rumpled bed
and our empty tombs

eyes fallow eyes avid for tears hands
tamed this land was the land of air

*

au pied de l'arbre aux genoux de la pierre
dans tous les bruits de la lumière dans
la nuit que je trouve encore
il est écrit, c'est sûr: je veux mourir
elle est n'est pas la mort

j'écris à des rêves à leurs rêves
l'affût dresse les campements de la lune
mon chien mon âme anxieuse
un cri t'éveille au moment de mourir
et la question est réponse l'interrogation s'exclame

les jours et les chemins accourent
le non-poète habite un songe

*

ne te cache pas, lumière du soir
lis que je tremble
ne te cache plus, solitude
tu as grandi

feu, sois content, j'ai froid
lutte bien sous mon toit
et corps à corps comme font les vivants les mourants
  les morts et les amants
éclaire ma demeure de la moindre brindille

des yeux se ferment, tendresse l'espace
désir désire que je désire toucher l'image
la toute petite ressemblance
prendre aux yeux la familiarité de l'obscur et
la halte de l'aube
ôter à jamais, terre mystérieuse ou noire,
le corps fou de froid

*

at tree's foot and stone's knee
in all light's noises in
the darkness still I find
it is written it is certain: I wish to die
it is death is not death

I write to dreams to their dreams
the hunt erects encampments of the moon
my dog my anxious soul
awakening to a cry as you die
the question is answer
is interrogation's cry

days and ways come running
the non-poet lives in a dream

*

hide not evening light
read my trembling
hide no longer, solitude
you have grown

fire be happy, I am cold
fight the good fight beneath my roof
and hand to hand like the living and the dying
  like the dead and the lovers
light my dwelling with the tiniest twig

eyes close tenderness space
desire desires that I desire to touch the image
the tiniest likeness
to take from eyes familiarity with darkness and
the dawn's halt
to shed for ever, dark or mysterious earth
the body mad with cold

*

parole écriture: te voilà toi
tu es un roi
et un peuple
chez toi

entre un fleuve lourd
et des marches de pierre
est une autre demeure
derrière ta porte
et devant toi

portail d'une tour
tout le royal et tout le populaire
sur la plus vaste et la moindre des cours
comme le sol et comme l'air

porte qui n'est jamais franchie deux fois
porte du face à face et du tête à tête

*

tour juchée sur la plus haute tour
poésie est prison pour toujours
parole serait
parole ou trahison
juchée sur la plus haute tour
parole pourrait être trahie
et poésie serait
pourrait être
trahison de la trahison
contradiction de la contradiction
torture de la torture
oh le cri d'écriture

*

vous êtes, morceaux du songe,
des morceaux de viande et de musique,
nulle vérité partielle
et ce qui n'est pas vrai est véridique

scripture word: there you are
king and people
in your own house

between heavy river
and stone steps
is another house
behind your gate
and before you

tower gatehouse
property of king and people
on the least and largest of courtyards
like earth and air

one-way gateway
of face to face and man to man

*

tower perched on the highest tower
poetry is everlasting prison
word could be
word or treason
perched on the highest tower
word could be betrayed
and poetry would then be
could be
treachery betrayed
contradiction contradicted
torture tortured
scream of scripture

*

gobbets of dream
you are gobbets of meat and music
no truth but the whole truth
and what is not true is true to life

le songe dit
nul ne me nie
je suis le songe
l'exil la trahison le viol
nos langues nombreuses
nos langues peureuses
nos langues haineuses
nos langues inconnues
notre langue étrangère
en notre langue nue

*

je crois savoir que la question
l'interrogation posée à l'homme et
aux choses de l'homme,
à la terre que j'adore d'une terrible haine
est la Torture

et je t'adore aussi, Musique,
n'es-tu pas la réponse à tout?
tu étrangles et tu étouffes les
grands et les gros cris
que je ne comprends pas encore comme un enfant
ou l'un de nous…

j'aime le chemin où je marche
il est aimé de l'Aveugle et du Sourd
ils font halte au début du milieu de la ligne
sous le coup de la rumeur

oh juste prose les songes ont des mains des yeux
des murs des songes tu remportas la victoire
du songe sur le songe

*

emporte les ducs, porte des oiseaux de nuit
ferme le fer, un escalier, une escalade
et les oiseaux de nuit seront tes oiseaux noirs

dream says
no one denies me
I am dream
exile treason and rape
our numerous tongues
our fearful tongues
our hating tongues
our unknown tongues
our foreign tongues
in our naked tongue

*

somehow I know the questioning
the interrogation to which man and man's affairs
the earth I love with terrifying hatred
are all subjected
is Torture

Music which I also love
are you not the reply to all?
you strangle and stifle
screams of grandeur and grossness
which like a child or one of us
still I fail to understand…

I love the path in which I walk
loved by the Blind Man and the Deaf
they pause at the beginning
of the middle of the line
confused by murmurings

prose in tune with justice dreams have hands have eyes
over walls and dreams yours was the victory
of dream over dream

*

away with the crested owls, gate of the birds of night
bring back the bolt, steps, a single flight
and the birds of night will be your castle's rooks

il vient du fleuve
tremblant
à cause, ô terre, de l'eau du fleuve
il marche d'un pied ferme il a la bonne allure
de la terre ferme folle irréelle et dure

l'irréel notre pain nos souvenirs quotidiens
nous: un art puissant, le fragile et le fort
le bousculent et demeurent
lieu dans le lieu et l'autre lieu
temps dans le temps et l'autre temps

*

parfois les fleurs sont des étrangères, parfois la vie est douce, et douce la mort aussi, parfois nous souhaitons un immense malheur, une réconciliation avec la mort, parfois j'aime le dire en cadence, m'adressant à musique, m'adressant à ceux qui entendent si justement la volonté des mots, leurs refrains, à travers les frontières et les musiques des nations de poésie, et j'aime, j'aime surtout dire: je t'aime parce que Dieu a voulu que je t'aime. Lui, grave comme un enfant tendre et respectueux, a baisé ta joue et dit à ton amant: «oh souffle, oh souffle de souffle, tu es son ami, son époux, son amant, il ne fait encore que pleuvoir sur le pays de l'image» musique écoute avec tant d'attention... Dieu ne veut pas détruire, Dieu respire

*

pour Henri Mascarel

à l'endroit l'illumination
à l'envers la pluie et le beau temps
des deux côtés le paradis l'enfer

les flammes sculptées dans le salon des généalogies
et le reflet du bavardage citoyen

à présent nous photographions le songe,
nous peignons l'âme depuis toujours

et depuis Christ au moins
nul ne peut avoir une seule généalogie

oh fortune oh contradiction

he walks from the river with the trembling gait
o earth of river swell
he walks firm-footed with the steady gait
of dry land insane unreal and hard

unreality our bread our daily memories
ourselves: power of art, fragility and force
jostle it and remain
place within place and the other place
time within time and the other time

*

sometimes flowers are foreign, sometimes life is sweet, and death sweet too, sometimes we long for some enormous misfortune, some reconciliation with death, sometimes I love to say these things in cadence, speaking to music, speaking to those who hear in tune with words' will and burden, crossing the frontiers of poetry, its various music and its nations, and I love, I love above all to say: I love you because God willed that I love you. He, grave as a tender and respectful child, kissed your cheek and said to your lover: 'oh breath, oh breath of breath, you are her friend, her husband, her lover, it still does no more than rain on the land of the image' music listens so minutely... God breathes, having no will to destroy

*

for Henri Mascarel

outside illumination
inside fair or foul
inside out heaven hell

carved flames in the room of family trees
reflections of social chat

now we take snapshots of dream,
from time immemorial paint the soul

and since Christ at least
no one has a single family tree

contradiction chance

nous ne pouvons peindre que la présence de l'âme
son absence son immortalité
nous prouvons l'existence de l'âme
nous peignons le fruit et le fou de l'âme

surprendre: depuis le plus puissant, le plus fragile,
depuis le Créateur
Tout est soumis à tout pour la vraisemblance
et tu dis en pleurant: je suis je ne suis pas la ressemblance

*

nous avons toujours tant aimé la pulsation des mots, tant chéri
la déraison qui fait battre le cœur, que nous avons inventé
un ciel en nous plus lointain que le ciel

amoureuse obéissance écrit encore
vous voilà au milieu des arbres
tout au bout de la ville
de l'autre côté de la mer

amoureuse obéissance écrit aux arbres à la ville à la mer

*

à Clorette

rire, nous n'en trouvons raison
dans les flammes du paradis,
j'avance à petits pas, notre irréel,
je m'approche de la réalité des songes
en m'approchant des murs
je t'aime, tu es fragile, Dieu est le plus fragile
oh rideau de poésie
Dieu est le plus fragile

we can paint but soul's presence
absence immortality
we prove soul's existence
paint soul's fruit and folly

take by surprise: since the most powerful
the most fragile since the Creator
All is subject to all for truth to life
and weeping you say: I am not resemblance

*

we have so loved words' pulse so cherished
unreason, reason for heart's beat
that we invented
an inner sky more distant than the sky

loving obedience continues to write
there amongst the trees
at the city's very end
at the other side of the sea

loving obedience writes to the trees the city the sea

*

to Clorette

we find no reason for laughter
in the flames of paradise
within our unreality I walk with hesitating steps
come closer to the reality of dream
as I come closer to the walls
I love you, you are fragile, God is the most fragile
curtain of poetry
God is the most fragile

Harcèlement
(granit 1993)

Aparté

Six grands pas de silence, autant dire six années. Les miens se vêtaient de noir, ce qui est miel pour le frelon (le sait-on?). Harcelé (deuil vestimentaire pour l'obscurité de l'esprit dans la chambre allumée), j'eus ma nuit le 31 janvier 1986. De minuit à midi j'écrivis des lignes, les premières de ces pages

Le lendemain, une minute à minuit, je respirai le jardin dont j'avais été l'architecte paysagiste avec le désir de voir survivre son désastre intime

*

Poème

L'égratignure vivifiante dans la tête,
l'imaginaire scalp, l'imagination

totem, cœur dur et doux et
poteau de torture, tendresse

oh, mésalliance des larmes
arrachons le cœur

*

Poète

Vertical et pendu
selon la loi d'impuissance et de gravité

À sa droite tout le soleil
à sa gauche le bateleur

*

Harassment

(translated by David Kelley)

Aside

Six great steps of silence, as much as to say six years. My people were dressed in black, which is honey for the hornet (do we know this?). Harassed (mourning dress for the darkness of the mind in the lighted room), I had my night on the 31st January 1986. From midnight to midday I wrote some lines, the first of these pages

The next day, at one minute to midnight, I breathed in the garden of which I had been the landscape architect with the desire to see survive its intimate disaster

*

Poem

The quickening scratch in the head,
the imaginary scalp, the imagination

totem, heart hard and soft and
torture stake, tenderness

oh mismarriage of tears
let's rip out the heart

*

Poet

Vertical hanged
according to the law of impotence and gravity

To his right the whole of the sun
to his left the magician

*

Mon âme l'exige de mon corps qui n'est pas son ami: «Épouvantail! écris *Harcèlement* au singulier pour rassurer les oiseaux et leurs anges, ne prononce plus le mot *Preuve*, il t'empêcherait de dormir, il risquerait de me faire mourir»

*

Excursions

Lentes et laborieuses, toujours par mauvais temps, et tendant la main à un nuage pluvieux comme à un son, un grand chien fuyant la pluie menait aux courses du bienheureux sommeil du soleil rêvant de nous

*

Moindre mal

Les siens inventent des certitudes sur les pistes incertaines: hérédité, cruauté, science, bonne cause, ils chantent les espions, les vivisecteurs, les sauveurs. Lui, conte sa manière de parler: le doute est sacré, le néant, un mot futile et nauséabond, j'adore l'Inconnu. Haineux et m'épargnant, je lui conseille d'observer les planètes hors du jour et de la nuit: n'étudiez pas que le ciel, mais plutôt la querelle et le divertissement des astres en nous, vous irez de surprise en surprise

*

Autoportrait

Me voilà mort, s'exclame l'un des miens,
tout vous regarde et tout regarde,
un costume inspiré par l'âge de raison
et des yeux lâches et cruels nés d'un roman d'amour,
l'Oracle annonce, Il fut prince d'une ville,
avec Nietzsche le Polonais il retourne en Danemark,
comme un théologien il sait ce que Dieu pense,

My soul demands of my body who is not her friend: 'Scarecrow! write *Harassment* in the singular to reassure the birds and their angels, no longer pronounce the word *Proof*, it would stop you sleeping, it might make me die'

*

Excursions

Slow and laborious, always made in foul weather, reaching out their hand for a rain cloud as for a copper, a big dog running from the rain would lead the way to the walks of blissful sleep of the sun dreaming of us

*

Lesser of evils

His people invent certainties on uncertain tracks: heredity, cruelty, science, good causes, they sing of the spies, the vivisectionists, the saviours. He himself recounts his manner of speaking: doubt is sacred, the void, a futile and repulsive word, I love the Unknown. Full of hatred, sparing myself, I advise him to study the planets outside day and night: study not only the heavens, but rather the disputes and diversions of the stars within us, your astonishment will be unending.

*

Self portrait

Here I am dead, exclaims one of mine,
Everything looks at you concerns you and everything looks,
a costume inspired by the age of reason
and cowardly cruel eyes born of a novel of love,
the Oracle announces, He was Prince of a city
with Nietzsche the Pole he returns to Denmark,
like a theologian he knows what God thinks,

tout deviendra clair et potable
rien que la tête pour le plaisir de saluer

*

Ami, mot terrifiant, m'écrit-on tous les jours. Vous ne me connaissez pas. Je ne suis que dix mille hommes et une prairie. Jamais le loup n'a été loup pour le loup. Plus d'enfant, il n'en faut plus; plus de roi, il n'en faut plus, mais l'indécence d'un temple nu, demeure d'une larme, l'épée meurtrière de l'ange. Moins qu'une sauterelle suffit à l'Infini. Ecrasons les miettes. Epargnons l'espèce humaine «qui ne sait pas ce qu'elle fait»

*

Ecce homo

M'a-t-on compris? répète inlassablement le géniteur du Surhomme Orphelin. Nietzsche ne savait que trop qu'on ne l'avait que *trop* compris. Au cours de ses randonnées montagnardes il connaissait *trop* de chemins. Partis à sa recherche, des guides l'aimaient pour de justes raisons, et les brigands l'adoraient pour leurs justes raisons. Au coin du bois, on n'apprenait à lire que pour le lire

Ecce homo. Deux mots. Terre se tient debout sur terre et terre tremble. Nous autres hommes d'en bas, nous lisons les «si bons livres» de Nietzsche. Sa folie aussi nous éclaire

*

everything will become clear and fit to drink
and then the head for the pleasure of greeting

*

Friend, terrifying word, they write to me every day. You do not know me. I am but ten thousand men and a meadow. Never was the wolf wolf for the wolf. No more child, there is no need; no more king, there is no more need, but the indecency of a naked temple, dwelling of a tear, the murderous sword of the angel. Less than a grasshopper suffices the infinite. Let us crush the crumbs. Spare the human species 'which knows not what it does'

*

Ecce homo

Do you follow me? repeatedly and untiringly asks the begetter of the Orphan Superman. Nietzsche knew only too well that we had followed him only *too* well. In the course of his mountain rambles he had come to know *too* many paths. Setting out to look for him, guides loved him for right reasons and brigands loved him for their right reasons. At the edge of the wood people learned to read only to read him

Ecce homo. Two words. Earth stands upright on earth and earth trembles. We, men from down below, read Nietzsche's 'such good books'. His madness also enlightens us

*

Céleste sujet

à François de Bayser

Je me tenais près de la clairière, la lueur,
lorsque clairière un instant me quitta,
oubliant amour, j'oubliai vie,
j'oubliai de fermer les yeux,
nuit et jour demeurèrent
quand l'un des miens contempla chez l'un de nous,
hasard prédestiné, le reflet de l'herbe

L'étonnement caressait mon front,
je savais que la main parle, je savais que je l'avais oublié,
n'oublie pas, disait-elle, n'oublie surtout pas la tendresse de l'Infini,
n'oublie pas, n'oublie surtout pas la souffrance de l'Infini,
pitié, prends pitié de l'Infini,
n'oublie pas de fermer les yeux, le jour se cache à grand-peine

À mon désespoir limité par l'Infini
je me souvins des cadeaux que la nuit fait à la nuit,
les étincelles exquises dérobées à la nuit par la nuit,
c'est pourquoi, selon Justice, mon cœur se mit à battre,
Beauté fit Beauté devenir belle

*

Amour

En dépit de la dénégation dénoncée
par notre maître à tous,
je ne veux plus être encore une fois
le bourreau, ou son fils, ou sa fille à marier,
ni le crapaud que j'affectionne autant
que la nuit l'affectionne,
ni l'araignée du soir ou du matin,
dès que je marche, dès que je dors, je la révère et je la crains

*

Celestial Subject

to François de Bayser

I was standing near the clearing, the glow,
when clearing a moment left me,
forgetting love, I forgot life,
I forgot to close my eyes,
night and day remained
when one of mine with one of us
contemplated, predestined chance,
the reflection of the grass

Astonishment stroked my forehead,
I knew that hand speaks, I knew that I had forgotten,
forget not, it said, forget not the tenderness of the Infinite,
forget not, forget not the suffering of the Infinite,
pity, take pity of the Infinite,
forget not to close your eyes, daylight hides at great pains

To my despair limited by the Infinite
I remember the gifts offered by night to night,
the exquisite sparks snatched from night by night,
which is why my heart, according to Justice, began to beat,
Beauty caused Beauty to become beautiful

*

Love

In spite of the denegation denounced
by our common master,
I no longer wish a single time to be
the hangman his son or his marriageable daughter,
and not the toad of which I am as fond
as the night is fond of it,
nor even the spider evening or morning,
as soon as I walk, as soon as I sleep, I revere it and I fear it

*

Euphorie

Buvant le thé d'un de mes plus chers amis,
je lui rappelai que Byron au moment de mourir
avait murmuré «dans ce monde tout n'est que souffrance»
mais l'ami, voix de la séduisante voix du savoir
nous dit, Byron patiente, son corps pense,
il maigrit, il fait si bon, si chaud depuis que vous êtes là
que nous vivrons jusqu'à la fin du monde,
combien de fois ne vous ai-je mis en garde,
au recommencement le Bonheur est l'explosion du Bonheur

*

Long regard

Regardez avec les miens la gravure de Rembrandt,
Adam et Ève en sont chassés, ils sentent le pur
éphémère nu puant sous des peaux de bêtes,
deux dépourvus d'intelligence et de la beauté des bêtes, deux
brutes inventées pour le temps et le climat, un ou deux bâtons,
la vision monstrueuse de Rembrandt, la mémoire monstrueuse de
    Darwin

Deux brutes, pas encore des monstres,
bestiales n'étant pas des bêtes, les bêtes n'étant pas bestiales,
cachant sous des peaux de bêtes ce que les peaux de bêtes ne
    cachent pas,

ce qui pour nous est notre ressemblance et
renforce et contredit l'ardent désir de notre sort. Préméditation

*

Euphoria

Drinking tea with one of my dearest friends
I reminded him that Byron at the moment of death
had murmured ‘in this world all is but suffering’
but the friend, voice of the seductive voice of knowledge
said to us, Byron waits, his body thinks,
he grows thinner, it has been so mild, so warm since you were there
that we shall live to the end of the world,
how many times did I not put you on your guard,
in the rebeginning Happiness is the explosion of Happiness

*

Long look

See with my people Rembrandt’s print,
Adam and Eve are expelled, they scent the pure
naked smell of what is fleeting beneath the skins of beasts,
two deprived of the intelligence and the beauty of the beast, two
brutes invented for time and climes, a staff or two,
Rembrandt’s monstrous vision, Darwin’s monstrous memory

Two brutes, not yet monsters,
bestial yet not beasts, beasts not being bestial
hiding beneath the skins of beasts what skins of beasts do not hide,

what for us is our resemblance both
reinforcing and contradicting the ardent desire of our fate.
    Premeditation

*

Complainte et connaissance

à Jean Cottet

Maintenant que tout recommence,
charmant feuillage, enfance de la forêt,
la maison, le couloir, l'Infini à la fin,
l'anxieux ruminant rêve à ses rêves de dévoré

Dès l'aube un disciple frileux se tient sur la falaise
dans l'attente du siècle métaphysique,
encore une fois le bonheur l'accompagne,
les prairies tant aimées des soleils lunatiques, les
déserts enchanteurs du côté de l'Ouest
viens, oh viens, dit-il, catastrophe apaisante,
le maître de l'inquiétude écrit

*

Ermitages

Après tout les affirmations hasardeuses autant que péremptoires de mes instigateurs différent à grand-peine. Ceux que j'évoque, maintenant, rêveur ou penseur, me semblent les plus habiles à décider du sort de notre Dieu. Allant vers l'un, il faut gravir, l'autre je dois l'attendre, d'aucuns ne sont pas toujours présents. Mais tous, à mon grand étonnement, estiment que le mot de Beauté ne veut rien dire, positivement *ne le veut pas*, au même titre que le mot Génie, tandis que Souffrance, aussi bonnement que Béatitude, s'entretient infiniment avec l'infiniment qui ne signifie rien à l'inverse de Beauté, de Génie

Au détour de l'Allée, après les chaumières du château, on se sépare. Cela n'est plus dit l'un, cela n'est pas dit l'autre

Je dois veiller les arbres. Deux crépuscules sont leurs familiers. Mais je ne puis le nier, un don d'impuissance et de peur vient à mon aide

*

Lament and knowledge

for Jean Cottet

Now that all begins again,
charming foliage, forest infancy,
the house, the corridor, finally the Infinite,
the anxious ruminant dreams of its dreams of the devoured

At dawn's rise a chilly disciple stands on the cliff
awaiting the century of metaphysics,
yet once more his companion is happiness,
the much beloved meadows of the lunatic suns, the
enchanted deserts on the Western side
come, oh come, he says, consoling catastrophe,
the master of disquiet is writing

*

Hermitages

When all's said and done the chancy and peremptory affirmations of my instigators differ only with great difficulty. Those that I now summon up in dream or in thought seem to me to be the best equipped to decide the fate of our God. Going towards one, I must ascend, for another I must wait, some are not always present. But all, to my great astonishment, consider that the word Beauty speaks non sense, positively *wills not* to be sense, just like the word Genius, whereas Suffering, as well as Beatitude, converses infinitely with what is infinitely, which, in opposition to Beauty, to Genius, signifies nothing

Leaving the Path, after the castle outbuildings our ways part. That is no more, says one, that is not says the other

I must watch over the trees. Two twilights are their familiars. But henceforth I can no longer deny it, a gift of impotence and fear comes to my aid

*

Musique de chambre

Un Mercure providentiel facilite ma tâche, il rédige comme on dicte et d'un trait de plume racle l'homme avec un grincement de violon. Fardeau, m'écrit-il sur un chiffon, vos âmes sont appétissantes. Dévorées comme elles le sont par le sommeil et les songes, ouvrez leurs yeux légers. Dans la fauverie, le fauve est un lièvre, le surhumain rugit à quatre pattes. Insensé! Pourquoi trembler? Entendre *Insensé* réconforte, entendre *Incompréhensible* réconforte, entendre *Inadmissible* est réconfortant

*

À Poésie

Je t'implore, muraille de Chine. Musique douce pour l'aveugle, violente pour le sourd, se joint à la voix miséreuse, illustre, obstinée. Indique le chemin droit, le détour et l'impasse. En moi résonne le rapt et retentit le butoir. J'ai lu les récits de l'azur. Je voudrais m'éveiller dans le lit de ma sœur

*

Anamnèse

Je me souviens d'un dernier pays. J'allais
avoir dix ans. Le dernier pays était surpeuplé,
j'allais devenir quelques-uns.
Trouble était de voir la demeure azur, cruel d'entendre
le cri cloué du marcheur à la maison qui l'abandonnait.

Oh, que veut dire ceci? Sommes-nous perdus, sauvés
par les minces chemins et les immenses routes?

Parlons à voix basse, à l'heure convenable
avec amour, un mouvement imperceptible des
lèvres, pour laisser tout au Souvenir, pour laisser
toute la place au Souvenir

Chamber music

A providential Mercury lightens my task, writing as others dictate and with a stroke of the pen scraping man as with the screech of a violin. Burden, he writes on a tattered scrap, your souls are appetising. Devoured as they are by sleep and dreams, open their light eyes. In the wild beasts' cage the wild beast is a hare, the superhuman roars on all fours. Insane! Why tremble? Hearing *Insane* comforts, hearing *Incomprehensible* comforts, hearing *Inadmissible* is comforting

*

To Poetry

I implore you great wall of China. Music, soft and sweet for the blind man, violent for the deaf man, comes to join the poverty-stricken, illustrious, obstinate voice. Within me there is the resonance of abduction and the reverberation of the buffers. I have read the stories of the azure heavens. I no longer awake in my sister's bed

*

Anamnesis

I remember a last Land. I was about
to be ten. The last Land overpopulated,
I was about to become several.
Blurred the sight of the dwelling azure, cruel to hear
the piercing pinioned cry of the wanderer
to the house abandoning him.

What does this mean? Are we lost, saved
by the narrow paths by the broad highways?

Let us speak softly at the right moment,
with love, speak out of the corner
of the mouth, leaving all to Memory, leaving
all the space to Memory

LOUIS-RENÉ DES FORÊTS

Poèmes de Samuel Wood

(EXTRAITS)
(fata morgana 1988)

Écoutez-le qui grignote à petit bruit, admirez sa patience
Il cherche, cherche à tâtons, mais cherche.
Saura-t-il du moins mettre en ordre,
Débarrasser, décrasser les coins et recoins
De cette tête encombrée qui est la sienne
Où il tourne en rond sans trouver sa voix,
Sinon quand le vent souffle à travers bois,
Que la mer roule fort, couvre d'écume les digues,
Quand la nature met la langue à sa rude école
Et lui enseigne des harmonies sauvages,
Suaves aussi parfois comme la flûte d'un oiseau,
Qu'elles viennent de cet oiseau même ou du roulis d'un ruisseau.
Dirait-on qu'il faut accorder sa voix à celle des éléments
Mais soit qu'on dise l'inverse, c'est les deux fois ne rien dire.
Les mots dont chacun use et abuse jusqu'au jour de sa mort,
Les a-t-on jamais vus agiter les feuilles, animer un nuage?
Vaine question, vaine la poursuite de ce qu'au moment de saisir
On laisse échapper par crainte d'en corrompre la substance.
Trop belles sont ces images engourdies dans leurs poses,
Qu'on voudrait voir dévêtues et fouettées jusqu'au sang.
Aussi se tient-il voûté sur un champ tout étroit
Comme une bête creuse un trou, il en fera sa tombe.

*

Quel sens donner au mauvais rêve de la mère putain,
Du père centenaire et du frère déserteur
Comme retranchés chacun dans une solitude amère,
Lequel aux fermages touchés, aux lettres sans réponse,
Sinon qu'on est trois fois coupable de survivre,
Volant aux morts leur dû, et pour justifier l'héritage

LOUIS-RENÉ DES FORÊTS was born in 1918, and spent his childhood in Paris and the Berry. His best known work of fiction, *Le Bavard*, immediately placed him in the forefront of the modernist tradition in so far as it offers a remorseless and insistent analysis and questioning of the powers of language. Since language is constantly enmeshed in lie, the only escape route possible is through silence. The *Poèmes de Samuel Wood* are the voice of an old man, preparing to die, that is, to enter into silence.

Poems of Samuel Wood

(EXTRACTS)
(translated by David Kelley)

Hear his tiny nibbling noises, admire his patience
He seeks, seeks tentatively, and yet he seeks.
Will he at least, will he make some kind of order
Clear away, clean up the nooks and crannies
Of this lumber-room which is his head, his own,
Where he turns in circles seeking in vain his voice
Save when the wind goes howling through the woods,
When the sea-surge rolls, tops with foam the jetties,
When nature sets language to its harsh régime,
Teaching it sometimes wild and savage harmonies
But sometimes airs as sweet as the piping of a bird,
Be it that same bird that sings or the babbling of a brook.
Say we then the voice should to the elements be tuned
Or say the opposite, we say the same and nothing.
Those words used and abused by all until their dying day,
Who ever saw them rustle the leaves infuse with life a cloud?
Vain question, and vain the pursuit of what when seized
Is let escape for fear its substance be corrupted.
Too lovely those images numbed in their poses,
Not to want them stripped and whipped till they bleed.
And so he stands back bowed on a narrow strip of land
As a beast digs a hole, he will make of it his grave.

*

What sense to give to the nightmare of the whore mother,
Of the ancient father and the deserter brother
Each as though withdrawn into a bitter solitude
What sense to the rents received, the unanswered letters,
But that we are thrice guilty for our survival
Robbing the dead of their dues, and, warranting our legacy

Profanant en songe celle qui fut la plus chère.
Mais une barque bleue enlisée dans la neige,
Le chahut de cinq cloches déréglées et fêlées,
Un train roulant à toute vapeur sur un pont de fer,
La façade en feu d'une forteresse qui s'effondre,
De ces obsessions nocturnes aux formes si précises
Rien ne laisse deviner la provenance et la clé.
Elles disent pourtant que jamais l'angoisse ne s'endort,
Que toutes les voies nous précipitent vers le pire
Là où ronflent les flammes, où sonne le glas,
À moins qu'elles n'aient pas plus de sens qu'une pierre
Ou qu'elles veuillent dire tout autre chose qui est
Qu'il faut tenir les yeux ouverts, tendre l'oreille
Au lieu de vivre à distance enfermé dans sa peur.
Il y a aussi cette femme assise sur le rebord d'une fenêtre
Et c'est toujours la même. Qui donc est-elle?
Quel signe fait-elle avec ses doigts gantés de rouge?
Faute de savoir que répondre à son message obscur,
On s'arrache d'un coup de rein au sommeil
Mais pour la retrouver sitôt les nuits suivantes
En pareille posture sur l'appui d'une autre fenêtre.
Puis viennent les ombres qui n'ont pas de visage,
Reconnaissables à leur démarche infiniment légère
Ceux-là sont des enfants bénis par le rêveur.

*

Il n'est que temps de remonter au soleil,
Le feu de son alcool purifie l'air
On le boit à longs traits pour oublier celle
Revenue la nuit déchirer le cœur
Dire adieu de sa main enfantine,
Une chandelle parfois tenue en l'air
Qu'elle souffle comme à regret
Mais sans s'attarder davantage
Ni qu'on la voie disparaître.

C'est elle encore souriant debout
Parmi les asters et les roses
Dans la pleine lumière de sa grâce
Fière comme elle fut toujours
Elle ne se fait voir qu'en rêve

Profaning in our dreams she who was most dear.
But a blue bark half-buried in the snow
The clanging din of five cracked discordant bells,
A train full steam ahead on an iron bridge,
The flaming façade of a crumbling fortress,
For these night-time obsessions so precisely formed
There is no guessing at the provenance or key.
And yet they tell us that anxiety never sleeps,
That all tracks rush us headlong towards the worst
There amid the roaring flames where tolls the bell,
Unless their sense is less than of a stone
Or that their attempted meaning is quite another
That we have to keep our eyes peeled, bend our ear
Rather than live at arm's length locked in fear.
There is also that woman sitting on a window-ledge
And always the same woman. Who is she?
What sign does she make with her red-gloved hands?
Not knowing the reply to a message so obscure,
We snatch ourselves from sleep with vigorous jerk
Only to find her again the following nights
Sitting in the same pose on the ledge of other windows.
And then come the other shades the faceless shades
We recognise by the infinite lightness of their step
These are the children blessed by the dreamer.

*

It is high time we rose up to the sun again,
Its alcoholic fire purifies the air
In deep draughts we drink it to forget her
She who came back by night to rend the heart
To bid farewell with her childlike hand,
Sometimes a candle held high in the air
Which she blows out as though with regret
Yet without tarrying further
And without us seeing her disappear.

She it is still standing smiling
Amid the asters and the roses
In the full light of her grace
Proud now as ever she was
Revealing herself only in dream

Trop belle pour endormir la douleur
Avec tant de faux retours
Qui attestent son absence.

Non, elle est là et bien là,
Qu'importe si le sommeil nous abuse
Il faut se brûler les yeux,
Endurer cette douce souffrance,
Ébranler, perdre même la raison,
Détruire ce qui viendrait à détruire
L'apparition merveilleuse
Accueillie comme on tremble
À la vue d'un visage saisi par la mort
Dans le dernier éclat de sa fleur.

Elle est là pour veiller sur nous
Qui ne dormons que pour la voir
Quand par honte, par peur de nos larmes
Nous ne songeons le jour qu'à fuir dehors
Non sans guetter là aussi son retour
Et c'est en quête d'un mauvais refuge
Nous abrutir sous le soleil qui brûle.

Ce que le cœur reconnaît, la raison le nie.
Un rêve, mais est-il rien de plus réel qu'un rêve?
Faut-il se résigner à vivre sans rêver
Que l'enfant aimantée vers ses lieux familiers
Vient dans ce jardin de roses, et chaque nuit
Revient emplir la chambre de sa flamme candide
Qu'elle nous tend comme une offrande et une prière?

Ces visions n'étaient qu'une erreur de l'oubli,
Leur charme sèchement rompu nous enseigne que
Revendiquer son bien n'est pas l'avoir.
Fini donc, fini ce leurre entretenu
Elle n'est pas où nous croyions la voir
Ni là où nous ne serons pas davantage.
Muets tout au fond de la terre
Qui, sauf à se donner le change,
Pourrait désormais nous entendre
Comme au temps des amours heureuses
Où nous étions de vivantes personnes
À l'écoute du moindre aveu sur nos lèvres

Too lovely to lull pain to sleep
With so many false returns
Attesting her absence.

No, she is there stands firmly there,
What matter if we are deceived by sleep
We have to burn out our eyes,
Endure that sweet suffering,
Make reason waver, lose it entirely
Destroy what might come to destroy
The wondrous apparition
Received as though in trembling
At the sight of a face seized by death
In the final flash of its flowering.

She is there to watch over us
We who sleep only to see her
When for shame for fear of our tears
By day we think only to flee beyond the pale
Still watching even there for her return
This but the quest for some feeble refuge
Deadening our brains beneath the burning sun.

What heart recognises, reason denies.
A dream, but what more real than a dream?
Must we be resigned to live without dreaming
That the child drawn as by a magnet
To familiar places comes to this rose garden,
Comes back each night to fill the room
Her white flame tendered as offering and prayer?

But a slip of forgetfulness these visions,
Whose brusquely broken charm teaches us
Claiming one's own is not to possess it.
Finished then, over, this enticement we maintain
She is not in the place we thought to see her
Nor where we shall not be the more.
Dumb in the very depths of the earth
Who, but for dupes of their own lies
Could henceforth hear us
As in the time of happy loves
When we were living persons
Listening for a hint of avowal on our lips

Mais libres de parler ou de se taire?

Feindre d'ignorer les lois de la nature,
Réincarner en songe la forme abolie,
Prêter au mirage les vertus d'un miracle
Est-ce pour autant faire échec à la mort?
Tout au plus douter qu'elle nous sépare,
Que soit un fait le fait de n'être nulle part.

Irréparable cassure. Prenons-en acte.
Nous voilà désolés la vie durant,
Notre mémoire ouverte comme une blessure,
C'est en elle que nous la verrons encore
Mais captive de son image, mais recluse
Dans cette obscurité dévorante
Où, pour lier son infortune à la nôtre,
Nous rêvions d'aller nous perdre ensemble
Toute amarre tranchée, et joyeux peut-être
Si le pas eût été moins dur à franchir,
Ne faire qu'un avec elle dans la mort
Choisie comme la forme parfaite du silence.

*

À s'unir au rien, le rien n'engendre rien.
S'il faut vivre éveillé aux choses vivantes,
Craignons plutôt que le chagrin ne s'apaise
De même que vient à faiblir la mémoire
Cesser de souffrir en cessant de la voir
Nous rejoindre la nuit favorable aux rencontres
Serait comme laisser le cœur s'appauvrir
Par deux fois dévasté, et désert.

*

Tout cela qui fut, qui est l'éclat d'un moment
Étrange sans doute comme les métaphores des rêves
Offre une vision meilleure du temps

But free to speak or be silent?

To feign ignorance of nature's laws,
Reincarnate in dream the abolished form
Invest mirage with virtues of a miracle
Can that be seen as putting death in check?
At most it is to doubt its power to separate
Doubt the fact of being nowhere as a fact.

Irreparable rupture. Let us take record.
Henceforth we face a life of desolation,
Our memory open like a bleeding wound,
There it is we still shall see her
But as captive of her image, sequestered
In that devouring darkness where
To link her misfortune to our own,
We dreamed of going to lose ourselves with her
All moorings severed, and joyful perhaps
Had the step not proved so hard to step
Joining ourselves to her in death
Chosen as the perfect form of silence.

*

Joining the void, the void engenders void.
If we must live alive to things alive,
Let's rather fear that pain might be assuaged
Just as memory comes to fade
To cease suffering ceasing to see her
Coming to meet us at night, time of encounters
Would be to allow the impoverishment of the heart
Twice devastated, and twice made desert.

*

All that which was, and is a moment's flash
Doubtless strange as the metaphors of dreams
Offers a heightened vision of time

Malgré tant de figures réfractaires
Qu'en dépit de plus d'un détour
La langue échoue à prendre dans ses pièges,
Mais bien loin de se tenir à distance
Elles rayonnent assez fort pour que s'exerce
Au-delà des mots leur hégémonie souveraine
Sur l'esprit qui, grâce à elles, y voit plus clair
Quand il ne se laisse pas dévoyer par la phrase
Avec ses trop beaux accords, son rituel trompeur
Auxquels s'oppose en tout la communion silencieuse,
Ce feu profond sans médiation impure.
Prendre forme est si contraire à leur nature
Qu'il ne sert à rien de leur faire violence,
Elles ne respirent librement qu'en nous-mêmes
Qui sommes là pour les protéger du dehors
Bien qu'appelés avec elles à disparaître
Il en coûte aux vivants d'avoir à se taire
Comme si, prisonniers d'une vieille méfiance,
Ils avaient perdu la mémoire du cœur,
Oublié même ce qu'on nomme l'oubli
Dont chacun a besoin pour survivre.
Non, c'est quelque chose d'autrement obscur,
La tendresse qui fait s'étrangler la voix
Le devoir de l'amitié vigilante.

*

Pires que les nuits sans rêve, les nuits sans sommeil
Où se livre jusqu'au jour dans l'esprit divisé
Une implacable lutte intestine
Mais en pure perte car le jour va poindre
Qui sait noyer sous sa lumière aveuglante
Le tourment des vérités trop dures,
Rendre vie au désir animal de vivre.

Prince de l'insomnie, l'archange Lucifer
Bat-il des ailes pour attiser les discordes
Comme crut l'entendre jadis l'enfant au dortoir,
Le pieux écolier pleurant la nuit sur ses fautes?
Le temps est passé de la sainte innocence
Une main demande à l'autre ce qu'elle lui refuse

Despite all those refractory figures
Which for all its roundabout ploys
Language fails to ensnare in its traps,
But far from keeping their distance
Beaconlike they project their beam
Hold over the mind a sway beyond the scope
Of words, and help it see more clearly
When not led astray by fickle phrases
Their melodious chords their gulling rituals
Against which silent communion steadfast stands
That deep-burning fire free of impure mediation.
Taking form is so much against their nature
That use of force with them is futile
Only within us do they breathe freely
We who are there to protect them from without
Although destined with them to disappear
It is hard for the living to have to stay silent
As though, imprisoned by some old distrust
They had lost the memory of the heart
Forgotten even what is named forgetting
Which each one needs if he is to survive.
No, this is something otherwise obscure,
Tenderness choking the voice in the throat,
The duty of vigilance in friendship.

*

Worse than dreamless nights those sleepless nights
When until the break of day within the divided mind
An implacable intestinal war is waged
But to no effect since daylight is at hand
Which has a way of drowning in its blinding light
The torment of truths too hard and harsh
And giving life to the animal desire for life.

Prince of insomnia does the archangel Lucifer
Beat his wings to fan the embers of discord
As in the dormitory of the past the child
The pious schoolboy nightly weeping his faults
Thought to hear and understand?
Of holy innocence the time is past
One hand begs of the other what it will not give

Et ces deux mains sont également les miennes
Qui se jettent en rêve de furieux défis,
À peine en rêve puisque les yeux restent ouverts
Sur le théâtre d'un procès si ambigu
Qu'on n'y peut plaider pour soi contre soi-même
Sans perdre et gagner à la fois sa cause.

Même si réconcilier les forces en désaccord
Ne fut jamais qu'un semblant de trêve,
Laissons dormir cette clairvoyance meurtrière
Pour rejoindre la foule joyeuse des aveugles
Comme se déguise l'enfant, jouons à être un autre
Que la nature nous défend de devenir.

On a beau feindre d'avoir le cœur apaisé
Qu'attendre de ces métamorphoses fictives?
La fièvre qui remonte en démasque l'imposture,
Renvoie l'être au fond de sa double personne
Où s'affûtent et se croisent les armes de la guerre.

Comment jouer sans y croire à se croire ailleurs
Qu'en ce crâne qui nous emmure de toutes parts?
Ameutées, enhardies par le silence nocturne
Tant de voix contraires s'y font entendre
Qu'elles nous rendent sourds aux appels du dehors
Et ruinent jusqu'à nos plus fermes certitudes.

Or, quittées ces sombres régions souterraines,
Jugerions-nous conforme aux règles du jeu
D'occuper la scène et que ce soit pour de bon,
Lequel parmi les rôles à notre convenance
Saurait alléger le poids de nos chaînes?
Sauf à l'heure dite où elles tombent avec la mort
Nul ne connaît le moyen de s'en défaire
Chacun est captif et le sera toujours.

Les plaintes de l'être à l'étroit dans sa tête
Comme la mouche bourdonne sous une cloche de verre,
La cadence du cœur, le remous des souvenirs,
La fierté en lutte contre le déni de soi,
Il n'en faut pas plus pour faire de la nuit
Une longue journée vécue au bord de l'abîme

And both these hands are mine and mine alone
Hurling in dream furious defiance
But barely in dream since eyes stay open
On that theatre of litigation so ambiguous
That you cannot plead for self against the self
Without winning and losing at once the cause.

Even were reconciliation of battling forces
Ever but fragile semblance of truce,
Let sleep that deadly clarity of vision
To join once more the happy band of the blind
Dressing up like a child, let's play at being another
Whom nature will not allow us to become

In vain we make pretence of hearts at peace
What to expect from such imaginary changes?
The fever mounting reveals their lack of substance
Returns the being to the depths of its double self
Where sharpen and clash the arms of war.

How do we play without belief at believing ourselves to be
Elsewhere than in this skull which walls us in on every side?
Stirred to action, boldened by nocturnal silence
So many opposing voices cry for space within
That we are deafened to calls from without
And our deepest certainties are laid to ruin.

And yet, these deep dark regions left behind,
Would we think it in the rules of play
To stand there on stage and it be for real,
Which of the roles that might fit us
Could lighten the weight of our chains?
But for the given hour at which with death they fall
No one can find the way to shed them
Each one is captive and will for ever be so.

The protests of a being, cramped within the head
Like the buzzing of flies beneath a bell of glass,
The beating of the heart, the ebb and flow of memories,
Pride in conflict with denial of the self,
No more is needed to make of the night
A long day lived on the edge of the abyss

Dans la vision de sa chute prochaine,
Une journée noire qu'on emploie à se détruire.

Mais c'est compter sans le retour du soleil,
Le glorieux soleil qui magnifiera encore
La vie sur terre et la terre elle-même
Quand nous y serons dessous avec les morts
Là où les mots que voici n'ont plus cours
Auxquels nous donnons corps en les disant
Véreux demain comme le muscle de nos langues,
Rongés dans leur substance par la rouille du temps,
Le temps que prend la mort à parfaire son œuvre,
La hâte qu'elle va mettre à ruiner la nôtre
Bientôt plus indéchiffrable qu'une épitaphe
Aux lettres biffées par la rigueur des saisons.
Faut-il donc se taire ou dire autre chose
Qui ait chance d'échapper au sort commun?
Nous ne sommes pas de force à nous défendre
Le silence même en dit plus long que les mots
Et tout ce qui parle est fait de chair mortelle.

Parlons plutôt de la folie des vieillards,
De leur peur tout enfantine de la mort
Perdant la tête à ressasser sur ce thème
Ils font moins cas de la raison que des phrases
D'où ils pensent tirer une énergie nouvelle,
Comme la garantie d'un surcroît d'existence
Et les voilà qui sombrent en un rien de temps
Pour ne léguer que des recettes sans valeur.
N'empêche qu'ils les auront payées au prix fort
Dans un ultime sauve-qui-peut illusoire,
Faute de la sagesse qu'on dit propre au grand âge.

Nous autres encore vivant ici sur terre,
Le soleil là-haut est notre sauveur,
L'ami du matin qui nous pousse hors du lit,
Le miroir où les alouettes se font piéger,
Le dieu d'or semant sa poudre trompeuse,
Qu'on voit comme un gros œil rouge à son déclin
Quand le moment approche de reprendre en main
Les pièces de cet interminable procès,
D'avoir à comparaître devant soi-même

In view of its impending fall,
A deep dark day spent on self-destruction.

But that's to count without the sun's return,
The glorious sun which still will magnify
Life on earth and even earth itself
When we lie beneath it with the dead
Where these the words we embody with their speaking
Will have lost their currency
Eaten away tomorrow like the muscle of our tongues,
Gnawed into in their substance by the rust of time,
The time it takes death to bring its work to fruit,
The haste it puts to bring to ruin our own
Soon no easier to decipher than an epitaph
Its letters rubbed out by the rigours of the seasons.
Should we then be silent, or say another thing
With perhaps the fortune to escape the common lot?
We are not equal to our own defence
Silence itself is more eloquent than words
And all that speaks is made of mortal flesh.

Let us speak rather of the madness of the old,
Of their simply childish fear of death
Losing their heads mulling over the same old story
Making less sense than sentences
From which they think they draw some new vitality
As though to guarantee some lease of life
And there they go under in a blink of time
Leaving no more than useless recipes.
And still they will have paid the heavy price
In a final but futile headlong flight,
Lacking the wisdom we think must come from age.

We still are living here on earth,
The sun above us is our saviour,
The morning friend who gets us out of bed,
The mirror in which the larks are trapped,
The gilded god scattering his deceptive dust,
Whom when he sinks we see like a great red eye
When the moment comes to take again in hand
The documents pertaining to this endless trial,
To have again to appear before ourselves

Selon le rite imposé par l'insomnie,
D'être tout ensemble le juge et le prévenu,
Encore qu'enfermé dans ce double statut
Qui peut prononcer, qui entendre le verdict
Et pour quelle faute à expier sinon d'orgueil?
Abaissez-le, il se redresse sur le champ
Son art est de dissimuler ses points forts
La lucidité, son haut lieu de jouissance
Il aura régné de plein droit sur l'enfance
Purifiant par son feu les fonds troubles du cœur
Nous n'en sommes pas venus à bout avec l'âge.

*

D'un oiseau qui se tient caché dans les branches
On aimerait apprendre le délicieux ramage
Comme des loups en chœur les appels déchirants
Au lieu de crier avec une gorge si creuse
Inapte à produire cette musique native
Qu'inspirent aux bêtes l'allégresse et la faim.
Sans prétendre égaler leurs prouesses vocales
Non corrompues par le désir d'auditoire
Qui fait de l'homme une créature si vaine
Comment chanter sur un registre moins pauvre?
Nous n'aurons eu d'autres outils que les mots
Auxquels demander plus qu'ils ne savent faire
Conduit à désespérer de leur usage
Mais ils demeurent nos maîtres en toute chose
Puisqu'il faut en passer par eux pour se taire,
Qu'instruire leur procès serait perdre le nôtre
Et qu'à tant de haine s'allie la dévotion.

Toi dont rien ne dit que tu vives sous ce nom,
Samuel, Samuel, est-ce bien ta voix que j'entends
Venir comme des profondeurs d'un tombeau
Renforcer la mienne aux prises avec les phrases
Ou faire écho à sa grande indigence?
Bon génie qui semble le démon en personne
Je n'en saurais guère plus long sur ton compte
Sauf qu'atteint par la maladie du langage

Following the ceremony imposed by sleeplessness,
And be at once the prisoner and the judge,
Although enclosed within this double status
Who can pronounce and who can hear the verdict
And for what offence if not that of pride?
Bring him down and straight away he rises
His art consists in hiding what he holds in store
The light he casts, the high place of his pleasure
He will have reigned with justice on our childhood
Purifying with his fire the murky depths of the heart
Which age has not helped us to clear.

*

Of a bird perched hidden in the branches
We would love to learn the charming song
Like the heart-rending calls of wolves in chorus
Rather than howling with our too hollow throat
Ill-fitted to utter that inborn music
Inspired in beasts by happiness and hunger.
Without claiming to equal their vocal prowess
Uncorrupted by that desire to be heard
Which makes of man a creature so vain
How can we sing to a compass less circumscribed?
We will never have had tools other than words
Of which to ask more than they can perform
Leads to despairing of their usage
They yet remain in all things our master,
Since even for silence we needs must pass through them
Putting them on trial would be to lose our own
And since to so much hatred is tied devotion.

You of whom nothing says you live under this name,
Samuel, Samuel, is it really your voice I hear
Coming as though from the depths of a tomb
To reinforce my own which struggles with phrases
Or echo its own impoverishment?
Guardian spirit or devil in person
I shall never really arrive more at your depths
Except to know that struck with the sickness of language

Celui que tu tiens ne peut m'en guérir.
Mais l'effroi, mais les vérités les plus sombres
Toi qui n'es qu'un nom trouve la force de les dire.

*

En navigateurs aussi hardis qu'aveugles
Peu leur importe où ils mettent le cap, ils foncent
Par tourmentes et naufrages jusqu'au point suprême
Et c'est le même pour chacun d'entre nous
Ils n'y cueilleront après tant de vaillance
Que le fruit empoisonné des ténèbres
Auquel devra goûter pareillement quiconque
Pour retarder la redoutable échéance
Ne s'aventure qu'à petits pas prudents
Ou cherche refuge dans les tâches ordinaires.
Plus rares ceux qui lui trouvent si peu d'amertume
Qu'ils le consomment comme un philtre bénéfique
Délivrés d'eux-mêmes et rendus au sommeil
Tels ces risque-tout malmenés par le sort
Engloutis corps et biens dans l'abîme des mers.

Pour nous qui ne l'avons pas bu avant l'heure
Quand sonnera celle d'en approcher nos lèvres
Puissions-nous l'avaler sans faire de manières
Quoiqu'il en coûte d'y être astreint par l'âge
Non par libre volonté de se détruire
Ni dans le tumulte d'une action conquérante
Mais le cœur viendrait-il à nous manquer
Mieux vaut blémir devant ce fiel à boire
Que rougir d'avoir encore envie de vivre
Ne fût-ce qu'afin de réparer nos torts
Qui grèvent la mémoire d'un passif cuisant.

*

The one you hold cannot cure me of it.
But fear and the darkest truths
You who are but a name have the strength to tell.

*

Setting sail with brave face but in blindness
What matters what course is set, they force the current
Through torment and shipwreck to the very end
And it is all the same for each and all of us
What will they pluck for so much striving
But the poisoned fruit which comes of shadows
Which in the same way he who would postpone
The dreaded deadline by stepping with careful steps
Or seeking refuge in daily duties, must also taste.
Rarer those who find within so little bitterness
That they can drink it like a beneficial potion
Delivered from themselves returned to sleep
Like those who risking all are dogged by fate
Engulfed all hands adrift within the seas.

For we who have not drunk of it before our time
When sounds the hour to bring it to our lips
Would that we could drink without a fuss
Whatever it may cost to be constrained by age
And not by the free will to self-destruction
Nor the conquering tumult of violent action
But were the heart to come to fail us
Better to blench before this gall we have to drink
Than to blush at retaining some desire for life
If only just to put to rights the wrongs
Which mortgage the memory of a grievous debt.

*

Silence. Veille en silence. Pourquoi t'obstiner
À discourir sans rien savoir sur la mort?
Que du mot même émane une force sombre
Crois-tu par tant de mots pouvoir l'adoucir,
Donner un sens à l'énigme du non sens?
Vois plutôt vaguer les oiseaux au soleil
Écoute leur concert la nuit dans les bois
D'où s'élèvent en trilles maints duos amoureux
Qui sonnent clair comme les eaux des montagnes.
Si proche soit la fin que tu sens venir
Libère-toi de ton funèbre souci
Épouse la liesse des créatures du ciel
Vivre et chanter c'est tout un là-haut!

*

Une ombre peut-être, rien qu'une ombre inventée
Et nommée pour les besoins de la cause
Tout lien rompu avec sa propre figure.
Si faire entendre une voix venue d'ailleurs
Inaccessible au temps et à l'usure
Se révèle non moins illusoire qu'un rêve
Il y a pourtant en elle quelque chose qui dure
Même après que s'en est perdu le sens
Son timbre vibre encore au loin comme un orage
Dont on ne sait s'il se rapproche ou s'en va.

Silence. Keep wake in silence. Why insist
On speaking in ignorance of death?
Let from the word itself there come a sombre strength
Do you think by so many words to sweeten it,
To lend a sense to the puzzle which is nonsense?
Look rather at the birds who swim in the sun
Listen to their singing at night in the woods
The rising trills of many a loving encounter
Ringing as clear as mountain springs.
Close as may be the end you feel about to come
Set yourself free of thoughts of death
And wed the joy of creatures of the heavens
Where living and singing are but one thing!

*

A shade perhaps, merely an imagined shade
Named merely for the sake of naming
All links broken with its actual face.
If making heard a voice which comes from far away
Untouchable by time and by its wearing
Proves to be no less illusory than dream
There is yet within that shade some thing which lasts
Even once its sense has disappeared
Its sound still sounds at distance like a storm
Quelling or threatening impossible to know.

JACQUES DUPIN

Chansons troglodytes
(fata morgana 1989)

Traille de l'aïeul

Il est notaire sur le Rhône
comme est le pont suspendu

tandis que se tord l'aspic
sur l'écusson du portail

ongles noirs poil rebroussé
par l'acte et le contreseing

quand le fleuve était un fauve
et moi un enfant volé

*

la vipère l'affectionne
qui affûte le tranchant

de la pierre et du registre
et la ruse de l'œil bleu

il est le poncif l'encrier
des consciences qui se noient

le scribe accroupi du Rhône
le vertige assermenté

*

Now considered to be one of the leading modern French poets, **JACQUES DUPIN** first published in *Cahiers d'art* and *Botteghe Oscure*. In 1967 he was a co-founder (with Yves Bonnefoy, André du Bouchet, Paul Celan, Louis-René des Forêts and Michel Leiris) of the review *L'Éphémère* which he edited until 1972. He was director of the Éditions de la Galerie Maeght from 1955 to 1981 and has written widely on contemporary art. In 1988, he was awarded the Grand Prix National de la Poésie. A bilingual *Selected Poems* was published in Britain by Bloodaxe in 1992.

Cave Songs

(translated by Andrew Rothwell)

My grandfather's cable-bridge

He is a notary on the Rhône
in suspension, like the bridge

while the asp writhes
in the arms on the gate

nails black fur sleeked
by the deed countersigned

when the river was a wild beast
and I a swindled child

*

the viper is fond of him
sharpening the cutting edge

of the stone and the register
and the cunning in his blue eye

he is convention the inkwell
where consciences drown

the squatting scribe on the Rhône
vertigo sworn on oath

*

il avance quand je recule
il est mort quand je suis né

maugréant contre la crue
et le bleu noir des cyprès

brasier d'avant le berceau
notaire que désenvoulte

l'archivage des poussières
et les retombées de ses morts

*

dans le gouffre de l'étude
il laisse glisser les palans

à l'horizon des mots que coupe
une dalle rongée des fleurs

qui remontent le courant
de notre angoisse et du fleuve

la peste est malade des hommes
dans ses minutes serrée

*

et soudain l'aïeul c'est moi
humant le bleu de l'architrace

compulsant les mêmes feuilles
fumant le même tabac

écrire est-ce poignarder
la liasse incendier la somme

regarder s'éteindre hors de soi
la saccade de ton sang

*

he moves forward when I go back
he died when I was born

cursing the swollen river
and the blue-black cypresses

blaze from before the cradle
notary spell-unbound

by archiving the dust
and the effects of his dead

*

in the abyss of his office
he hauls the pulley-blocks along

on the horizon of words cut across
by a gravestone eaten away by flowers

drifting against the current
of our anxiety and the river

the plague sick with men
lies locked in his records

*

and suddenly I am the grandfather
sniffing the blue of the original trace

going through the same papers
smoking the same tobacco

does writing mean stabbing the bundle
of notes setting the rule-book on fire

watching the spurts of your blood
die away outside you

*

je me défais de ma défroque
de ténébreux assonancé

et de la volte sur un fil
d'une églogue qui conclut

en frappant le sol et le glas
de cette Voulte veuve et saoûle

une rose interlettrée
par l'huisserie de la mort

*

clef de voulte et de basalte
de ce ciel incohérent

j'ai beau te fendre la tête
casser l'air aimer la louve

ta mort teste en ma faveur
de toi j'hérite la peur

la traille tendue dans l'air
ouvre le franchissement

*

tu te dresses quand je dors
tu t'élèves quand je m'enfonce

plus tu es vieux moins tu es mort
nous nous croisons en chemin

rien ne nous distrait du cumul
brassage du fleuve en dessous

I dispense with my disguise
of assonanced brooding

and the high-wire vault
of an eclogue's conclusion

by striking the ground and the knell
of this drunken widowed Voulte

a rose inter-lettered
in the doorway of death

*

key-stone of the basalt vault
of this incoherent heaven

however much I crack your head
split the air lever the slit

your death leaves me everything
from you I inherit fear

the cable stretched through the air
opens up the crossing

*

you rise when I sleep
you come up when I sink down

the older you are the less dead
we pass by each other on our way

nothing detracts us from our accumulation
the river turning over its business below

que l'étoile qui récidive
et me poignarde dans l'eau

*

notre tombe dans le soleil
est un atelier sur le Rhône

la lumière l'inscription
sur le gravier de la fosse

plus bas que tes ossements
ma pelle dégageant le souffle

en me traversant tu écris

et nos paraphes emmêlés voyagent

Glauque

Comme je voyageais très bas
autour des étangs de septembre
je crus la voir elle était là
béate au milieu de l'eau
la Chinoise du Malespir

dans l'attente lancéolée
du songe qu'elle accapare
son œil étirant mes yeux
elle rit de rien et de l'eau
je ne cesse de rajeunir

*

but the re-offending star
which stabs me in the water

*

our tomb in the sun
is a workshop on the Rhône

the light the inscription
on the gravel of the grave

deeper down than your buried bones
my shovel laying bare the inspiration

passing through me, you write

and our interlaced initials travel far

Gloomy-green

As I travelled very low
around the September ponds
I thought I saw her she was there
blissful in the middle of the water
the Chinese girl from Malespir

in the lanceolate expectation
of the dream she dominates
her eye stretching my eyes
she laughs about nothing and the water
I grow younger all the while

*

trop de feuilles   de chimères
de meurtres flottés sur l'eau
elle extasiée qui replonge
dans la plaie au fond de quoi
une écriture agonise

l'opéra-bouffe des grenouilles
qui languit   qui se déchirent
par la libellule et le bleu
de ses ciseaux entrouverts
au milieu pour en finir

*

il fait sombre j'écris bas
elle est là depuis toujours
les bulles crevant sa peau
dans le glauque du rituel
la coulisse épaisse de l'eau

c'est l'égrènement c'est le frai
l'accouplement le rosaire
sur la pierre lisse et le bord
de l'eau morte écartelée
par l'effervescence de l'air

*

ta soif ton regard bridé
et le plaisir sans mélange
d'enfanter ce que je tais
d'aspirer l'ombre de l'autre
plus loin que l'eau divisée

ne coassant plus en dieu
sans l'affilée de ma langue
l'inconnue de l'entre-deux
a plongé dans la démence
du foutre des monstres frais

*

too many leaves   chimera
murders floating on the water
she in rapture diving back
deep into the wound deep where
writing lies dying

the opera buffa of the frogs
languishing   they are torn
by the dragonfly and the blue
of its scissors half-open
in the middle to make an end

*

it is dark I write in low key
she has been there always
bubbles bursting her skin
in the gloomy-green of the ritual
back-stage in the murky water

telling beads counting spawn
the coupling and the rosary
on the smooth stone and the edge
of the dead water torn apart
by the bubbling air

*

your thirst your slit-eyed glance
and the unadulterated pleasure
of giving birth to what I leave unsaid
of breathing in the other's shadow
beyond the divided water

now her faith has croaked
without my tongue's sharp edge
the unknown female from the in-between
has plunged into the folly
of the cool monsters' spunk

*

le froid de sa cuisse ouverte
à la labilité de l'eau
elle est là depuis toujours
ma complice fantômale
une grenouille à rebours

de son genou dissipant
un tressaillement dans le vert
pour l'image que revêt
l'assidue des premiers ronds
de l'eau ridée de l'enfer

Lai de la serpillière

Hors du réduit sur les dalles
devant les fourneaux de ma mère

des épines de la trame
à la douceur de sa voix

le plaisir toute honte bue
délectable serpillière

*

nu pieds je m'approche d'elle
embarrassée dans la nuit

dont sa ténèbre déborde
quand l'espace devient clair

fraîcheur de la fenêtre ouverte
coupure de lucidité

*

the cold of her thigh open
to the water's fluidity
she has been there always
my phantom accomplice
a frog on its back

her knee dispelling
a shudder in the green
for the image she puts on
as a familiar of the first circles
of the rippled waters of hell

Lay of the floor-cloth

Out of the cubbyhole onto the flag-stones
in front of my mother's kitchen range

from the thorns in the weave
to the gentleness of her voice

pleasure all shame soaked up
delectable floor-cloth

*

bare-foot I approach her
bashful in the dark

from which her shadow overflows
when space starts to lighten

cool of the open window
clear cut of lucidity

*

dans l'égouttement de l'aube
tant de cris d'oiseaux de fleurs

par les songes par les pierres
toute fin suppose un éclat

on meurt d'amour à tout âge
cela se lit sur le sol

*

dans la lumière mouillée
de sa trace serpentine

elle puise l'eau de la terre
sa mémoire dégorgée

ne disant jamais le mot
qui pourrait rompre le fil

*

coupure de la fenêtre
lucidité de la fraîcheur

nous glissons à contre-sens
elle encore ici toujours là

trame rêche trace lisse
un gémir à la surface

*

on meurt de vieillesse à tout âge
le commencement de l'éclat

je suis sur elle elle est dessous
elle remue douce-amère

elle glisse subreptice
et dégorge son venin

*

in the dripping dawn
so many birds chirping, flowers

through dreams through stones
every end implies a crack

you can die of love at any age
for so it says on the floor

*

in the glistening damp
of her serpentine track

she draws the earth's water
its disgorged memory

never speaking the word
that might break the thread

*

clear cut of the window
lucidity of the coolness

we slide in opposite directions
she still here always there

rough weave smooth trace
a moaning at the surface

*

you can die of old age at any age
the beginning of the crack

I am above her she beneath
she wriggles bitter-sweet

surreptitiously she slides
disgorging her poison

*

trempée tordue au supplice
la chevauchée le sillage

je suis seul nous étions trois
à éponger le malheur

sur le sol des pas perdus
je suis seul elle est masquée

*

je suis comme le désir
d'une touffeur éphémère

imprégnant de savon noir
sa froide métonymie

là toujours ici déjà
comme une eau coupable et claire

*

mollesse rugueuse au pied nu
gagnant le ruissellement
de l'ocre rose   de la soif
qui trempe sa nudité

rincement de préhistoire
je l'essore elle jouit

*

comment s'éveiller jamais
de la perfide imprégnation

de l'enfance serpillière

soaked twisted tortured
ridden hard her wake behind

I am alone we were three
sponging up misfortune

on the floor of lost footsteps
I am alone she is masked

*

I am like the desire
for fleeting, sultry heat

impregnating with black soap
her cold metonymy

there still here already
like water guilty and clear

*

softness rough to the bare foot
as it touches the streaming
of the pink ochre   the thirst
which soaks her nudity

a rinse in prehistory
I wring her out her pleasure comes

*

how can you ever awaken
from the perfidious impregnation

of your floor-cloth childhood

Rien encore, tout déjà
(fata morgana 1990)

Lises Lisières Liseron

la lumière, la perturbation des lignes
un dénouement de forces immatérielles
et le heurt de la terre filante en dessous
elle encore ni perverse ni maillée
une provocation étirant ses stances
aiguisant ses reflets pour s'anéantir
j'ai marché jusqu'au soir couleur sang
j'ai retrouvé sous le pied dans la garrigue
la terre magnifiée par le retour la terre
exiguë la terre odorante et déchirée
dont la nasse ruisselante était avide
de saisir une palpitation animale
et de précipiter ma disparition

d'une ombre qui chavire dans la douceur
le temps n'est plus où je me souvenais du temps
des lieux mals-dits, des trahisons, des couleurs
devant le soleil nous comparaissions sans chemise
un soleil chargé de fruits, entre le dénuement
de l'idiot de l'arrière-pays et ce qui surgit
d'un œil vide – un volcan toujours,
une apostasie, loin dehors, près dedans
un printemps sans hannetons, sans fils de la Vierge
le pré jaune de la folie, la langue fendue
dans le neutre, on massacre, on sacrifie
l'homme ouvert que j'affectionne et que je dis
ses traces et lui sans fin disparaissent

Nothing yet, everything already
(translated by Andrew Rothwell)

Bogs, Borders, Bindweed

light, disturbing the lines
immaterial forces untwining
and the jolt of the whirling earth below
neither perverse yet nor meshed
a provocation stretching out its stanzas
honing its reflections only to vanish
I have walked until blood-red evening
rediscovering in the garrigue beneath my feet
the earth glorified by the return the earth
exiguous the earth full-scented and rent
its streaming hoop-net eager
to ensnare an animal palpitation
and precipitate my disappearance

of a shadow sinking into softness
gone is the time when I remembered time
ill-famed places, betrayals, colours
before the sun we were summonsed without our shirts
a sun heavy with fruit, between the poverty
of an idiot from the hinterland and what leaps forth
from a vacant gaze – a volcano always,
an apostasy, distant without, close within
a spring with no maybugs, no gossamer
yellow meadow of madness, tongue cleft
in neutrality, they massacre, they sacrifice
the open man I am fond of, I express
his tracks and he endlessly disappearing

une naissance écartant le mot de la fin
n'importe quelle – le tiré du nombre
quand ils seraient de froids raisonneurs
vais-je pour autant les assassiner
les abandonner à leur sort vais-je pour si peu
les livrer au couteau de l'équarrisseur
après tout ce sont mes enfants
et je tiens d'eux tout ce que je sais
sans m'alléger de l'autre fardeau
qui ne m'empêche pas d'aller ailleurs
ou de rester sur le lit-cage à démêler
à la surface en profondeur leurs fils
et leurs nœuds de froids conspirateurs

la vigne serait claire le raisin lourd
comme si le malheur n'avait plus de prise
quand il nous atteint, et qu'il nous serre
dans la séquence infinie de sa venue
de son retour – et c'est toi que je dévisage
il y a des papillons blancs sur tes lèvres
et devant tes yeux, avec les appelants
de la foudre, les prémices d'un désastre clair
frange d'ébriété d'un sol d'humus et de feuilles
où je sombre en m'allégeant de l'odeur
toi et moi nous étions sur le point d'atteindre
cette précocité rayonnante, ce survol
éphémère plus loin que le fond du ciel

au sortir de la cave aux cochons il grogne
il compte ses pas jusqu'à la forêt
sa peau de femme est couverte de tatouages
et de cicatrices, son souffle est cassé
s'il y avait des truffes sous les chênes-verts
les mères me l'auraient soufflé
on ne sait jamais comme a pu surgir

a birth, whatever it be, postponing
the last word – plucked from the air
were they cold reasoners
shall I murder them for that
abandon them to their fate shall I for so little
hand them over to the knacker's knife
after all they are my children
and from them I have learnt all I know
without relief from my other burden
which does not stop me going elsewhere
or staying in the cage-bed unravelling
on the surface and deeper down their threads
and their cold conspirators' knots

the vine would be bright the grapes heavy
as if misfortune no longer had a hold
when it reaches us, embraces us
in the infinite sequence of its coming
and its return – and it is you I am staring at
there are white butterflies on your lips
and before your eyes, with the decoy birds
of lightning, first signs of a clear disaster
drunken fringe of a ground of humus and leaves
into which I sink unburdening myself of the smell
you and I were on the point of attaining
that radiant precocity, that flight
ephemeral beyond the distant sky

emerging from the cellar sty he grunts
counts his steps over to the woods
his woman's skin is covered with tattoos
and scars, his breathing short
if there were truffles beneath the holm-oaks
the mothers would have tipped me off
one never knows how the last gasp

ou comme n'est jamais venu le dernier hoquet
j'écris des deux mains des deux pieds
je suis pressé de tomber dans le piège
des maraudeurs des assassins des sangliers
sa peau est le ciel de la page blanche
pour un cœur absent pour ma main coupée

il n'y aura jamais assez de musique
pour aveugler le soupirail et passer
d'une saison d'une détresse à la suivante
et de la gaieté à la peur – la fin du printemps
était à Schubert ombre et clarté de l'octuor
avant l'attaque des geais sur les mirabelles
et les vers luisants par la nuit de l'herbe
affûtée – l'infirme que je suis, pour qu'il écrive
qui va le fouetter à mort pour que mort
il verse un tombereau de feuillets épars
et de fourmis rouges sur le papier blanc
livrant aux monstres le blanc-seing des sépultures
et la terre en-deçà fraîchement dévastée

au bout du chemin j'ai rencontré le vide
le fourmillement du vide et la rose
le vide et la rose de Robert Walser
trente quatre font mal et treize s'envolent
derrière les rideaux et le vent des jupes
un rai de soleil sous tant de terre accumulée
on s'égare on se cogne on est vieux soudain
avec la folie qui se dénude l'os qui saille
et le ventre qui gonfle comme un gâteau
pour peu qu'une femme ait mis le découvert
j'enrage et la preuve que je suis mortel
c'est la fleur du liseron le talus vert
et la neige et la rose de Robert Walser

could suddenly arrive or not
I write with both hands and both feet
in a haste to fall into the trap
of prowlers assassins wild boars
his skin is the sky of the white page
for an absent heart for my severed hand

there will never be music enough
to dazzle the cellar window and pass
from one season, one distress to the next
and from gaiety to fear – the end of spring
was to Schubert the octet's light and shade
before the jays' attack on the mirabelle plums
and the glow-worms in the night of the sharpened
grass – to make him write, this invalid that I am,
who will whip him to death so that dead
he will tip out a tumbril of scattered leaves
and red ants on the white paper
handing over to monsters the mandate of the grave
and the earth on this side newly laid waste

at the end of the path I encountered the void
the swarming void and the rose
the void and the rose of Robert Walser
thirty-four hurt and thirteen fly away
behind the curtains and the wind in the skirts
a ray of sunshine beneath so much heaped-up earth
you lose your way bump into things you are old suddenly
with madness stripped bare bones showing through
and stomach swelling like a cake
it only takes a woman to bare her table
I fly into a rage and the proof that I am mortal
is the bindweed flower the green bank
and the snow and the rose of Robert Walser

lui de se détacher à la serpe avec le bois
les pensées mauvaises, les poisons, le bois mort
la pénombre de son visage au fond de nos yeux
s'éclairant – confondant, délivrant la nuit
ce serait le printemps, l'herbe repousserait
les premières fleurs, si je tente de me détruire
dans le corps de l'autre, le chaos d'où se dégage
une danse qui sent le soufre et la mer
oubliant qu'il n'y avait que toi dans la chambre
et la traversée d'un nuage par la fenêtre
ouverte sur les décombres et la rêverie
pourquoi ne pas dire très vite la vérité
le coude de la mort sur l'appui de la fenêtre

n'étant qu'indice dans le vert une touche
d'aquarelle avec la flexion du poignet
le mauve des pétales vers le cœur jaune
la délicatesse de la fleur du ciste
la perfidie de la fleur contrebalancée
dans le vent fort par le nerf de sa tige
et l'âpre velours de sa feuille désaccordée
telle une lettre d'amour dédiée à la nuit
qui se déchire et tombe avec la rosée
sur la fragile fleur du ciste au matin
à s'écarter du rebut, des pâmoisons
il se pourrait que le papillon jaune et bleu
familier du ciste pérît à la cime du cœur

un hiver de neige dans le Vivarais
la mésange cogne à la vitre une souris
défroisse les papiers de ma corbeille
la congère barre le chemin d'en-bas
il faut pourtant descendre acheter le pain
elle oublie tout je me souviens de son idiolecte

he scything away along with the wood
his bad thoughts, poisons, dead wood
the half-shadow of his face deep in our eyes
lighting up – confounding, rescuing the night
it would be spring, the grass would grow again
the first flowers, if I attempt to destroy myself
in the other's body, the chaos from which emerges
a dance smelling of sulphur and the sea
forgetting that there was only you in the bedroom
and the passing of a cloud across the window
giving out onto ruins and musings
why not tell the truth straight out
the elbow of death leaning on the window-ledge

being a mere hint in the green a dab
of water-colour with a flick of the wrist
the mauve of the petals near the yellow heart
the delicacy of the cistus flower
the perfidy of the flower counterbalanced
in the strong wind by its sinewy stem
and the rough velvet of its ill-matched leaf
like a love-letter addressed to the night
which is torn up and falls with the dew
on the fragile cistus flower in the morning
if it flew away from the refuse, all heady
that the yellow and blue butterfly, companion
to the cistus, might perish at the tip of the heart

a snowy winter in the Vivarais
the blue-tit knocks at the window pane a mouse
uncrumples the papers in my basket
the path down is blocked by snow
yet I must go down to buy bread
she forgets everything I remember her idiolect

une bouche mille aiguilles sa pureté
comme captée à la source et l'exaspération
la transparence de la poche à venin
j'ai vécu j'ai souffert sur une autre souche
puisant l'encre au fond du ravin – dans le goître
des dieux morts dont la langue a pris feu, a pris ombrage
du bois plus dur de ma table en porte-à-faux

quand pénètre la litigieuse odeur du jasmin
je ne sais où vont mes pas ni ce que sont
les êtres ni quand passera le courant
vous avez l'art de tordre le cou des mots
tout en caressant les choses de la vie
je n'ai d'abri que dans la danse des noms
et de grandes manières, la nuque dégagée
m'empêcheraient d'écrire, de dormir
s'il n'y avait dehors les coquelicots
et le vent qui couche les genêts en fleurs
la vie ne finira jamais ni la lumière
et la mort quand je ferme le poing
n'est qu'une envolée de sable dans l'air

oubli obligé d'un vocable dissipé dans l'air
ni mouche ni femme ne l'ayant piqué
il s'allonge il dort de sa belle mort
et la lune au-dessus de la phrase noire
se détache de la feuille comme l'impossible
de son écart – ou de ton sourire
j'ai vu de très petits papillons blancs sur tes lèvres
réticentes, ils empêchaient les mots
d'accourir, et la foudre, et l'épervier, de fondre
– ayant cessé de croire au cendrier de l'enfance
le poème ne se lève qu'en s'arrachant
de votre emmêlement tenace, motte de chiendent
tresse et détresse de la lumière

a mouth a thousand needles its purity
as if fresh from the spring and the exasperation
the transparency of the venom sack
I have lived I have suffered on another root-stock
drawing ink from the bottom of the ravine – from the goitre
of the dead gods whose tongue has caught fire, taken umbrage
at the harder wood of my rickety table

when the contentious scent of the jasmine penetrates
I do not know where my steps will lead nor what
beings are nor when the current will flow
you have the knack of wringing words' necks
all the while caressing the things of life
I have no refuge save in the dance of names
and a grand manner, a nape of neck showing
would prevent me from writing and sleeping,
were it not for the poppies outside
and the wind laying flat the gorse in bloom
life will never end nor will the light
and death when I close my fist
is but a spray of sand flung in the air

forced forgetting of a word dispersed in the air
neither wasp nor woman having stung him
he stretches out sleeps the sleep of the dead
and the moon above the black sentence
stands out from the paper like the impossibility
of its distance – or of your smile
I have seen tiny white butterflies on your reticent
lips preventing words from rushing up,
lightning and the sparrow-hawk from flashing down
– having ceased believing in the ash-tray of childhood
the poem rises only by tearing itself away
from your stubborn entwinement, tussock of couch-grass
tress and distress of the light

LORAND GASPAR

Sol Absolu
(Gallimard 1972 et 1982)

Mages
Caravaniers
Bandits
Trafiquants
Onagres d'hommes

SUR LES ROUTES BRÛLANTES

la myrrhe
l'encens
l'or
les perles et les pierres

SUR LA ROUTE EN VUE DE RIEN

l'illuminé   le clairvoyant   l'aveugle

«Mes frères ont été trompeurs comme un torrent
comme le lit des oueds saisonniers
dont s'enfle le flot à la fonte des neiges
et se tarit si vite au soleil brûlant.
Pour eux les caravanes quittent leur piste
s'enfoncent dans le désert et s'égarent – »

*

LORAND GASPAR was born into a Hungarian family in Western Transylvania in 1925. He started university studies at Budapest's École Polytechnique in 1943, but was soon deported to a labour camp in Germany. In March 1945 he escaped to France, where he studied medicine, leading in due course to a distinguished career as a surgeon in French hospitals in Jerusalem and Bethlehem, and, finally, in Tunis.

Lorand Gaspar's poetry combines acute scientific insight with a passionate appreciation of the dramatic landscapes of the Middle East, and a discreet but warm appeal to a fraternal experience transcending national and ethnic boundaries.

Absolute Ground

(translated by Peter Riley)

Magi
Caravaneers
Bandits
Traders
Men like wild asses

ON THE BURNING ROUTES

myrrh
incense
gold
pearls and stones

ON THE VIEWLESS ROUTE

the enlightened   the visionary   the blind

'My brethren have dealt deceitfully as a brook
as the beds of the seasonal wadis
that swell to a flood from snowy springs
and when the sun waxeth warm they speedily vanish.
For them the caravans depart from their ways
and are lost in the desert – '

*

ÉROSION

travaux de même ardeur que
la cohérence de la matière
la langue aux rythmes innombrables
déployée effritée recomposée

CHIMIE

des vents
des eaux
des rêves
des lumières

les mêmes mouvements composent et élucident
l'ampleur de la course sans dessein

*

plus d'une fois à l'aube
dans le désert de Ram et de Toubeig
ou plus au sud sur les rives
orientales de la mer Rouge là où les
granits roses veinés de lave, grès tendres
et gypses aveuglants ralentissent leurs pentes
j'ai rêvé d'une genèse
l'univers naissait sans s'interrompre
non pas d'un ordre venu du dehors
mais ample mais plein de sa musique
d'être là caillou compact à l'infini
rempli par la danse dont vibre chaque son
foré dans la lumière –
fugue de courbures en clair et ombre
sans départ ni achèvement
jaillie du jaillissement
de la même marche indivisée
le souffle à deux battants
sur les pistes pulmonaires
la force de silence
dont ces déserts à l'aube

EROSION

process as ardent as
the coherence of the material
the numberless rhythms of the language
unfurled   exhausted   recomposed

CHEMISTRY

of   winds
of   water
of   dreams
of   light

the same movements form and clarify
the abundance of the unplanned course

*

more than once at dawn
in the deserts of Ram and Tubeg
or further south on the eastern
shores of the Red Sea where
pink granites veined with lava, soft grits
and blinding gypsum relent their slopes
I have dreamed of a genesis
the Universe born continually
not by a command given from outside
but abundant but full of its music
infinitely compacted stone to be there
filled with the dance whose every vibration
drills into the light –
fugue of arcs in clarity and darkness
with no departure, no conclusion
bursts out of bursting-out
with the same undivided step
breath's double doors
on the pulmonary tracks
the strength of silence
of which these deserts at dawn

sont la feuille dépliée
la fraîcheur crissante – ébruitée –

ou encore
sur la rotonde crayeuse
des dernières arènes du jour
la vitesse de la lumière
soudain pénétrée par la lenteur d'une caresse
la rumeur des mains sous la peau profonde
comme une eau des yeux
qui rend flous les visages –

*

Bonjour à toi qui viens de nuit.
Bonjour à toi démarche souveraine qui fends la pulpe du soleil.
Bonjour à toi dans la poussière.
Tout ce jour à t'user, à l'user.
Aux os de ta fatigue.
Lorsque la lumière se voûte sur un puits –
Paix, les bruits se posent.
Ah, comme l'oreille se lisse!
Bonne nuit à toi qui viens de lumière, qui viens silence.
Comme une ultime paupière de couleur ou de son
Tu migres en profondeur, laissant le jour blafard sur la table de l'embaumeur.

*

Je viens du fonds déclos de cette marche inavouée:
Judée de mes ténèbres, comme tu danses sous le haut jour!
Le soleil brisé tes pierres m'avouèrent
leurs profondeurs d'arbres jamais nés
les verts sans feuillage dans l'épaisseur des vents
sans route et sans rose –
et la source vide sous la pierre funéraire,
si vive qu'en est poreux le marbre,
que les pigments de lumière émigrent
dans les seins lourds de la nuit.

*

are the unfolded leaf
the grating cold – made known –

or again,
on the chalk rotunda
of day's final stadia
the speed of light
suddenly penetrated by the delay of a caress
the rumour of hands under the deep skin
as water from the eyes
blurs the faces –

*

Good morning to you who come by night.
Good morning your regal bearing rending the sun-pulp.
Good morning to you in the dust.
This whole day to use you up, to use it.
To the bones of your tiredness.
When the light arches over a well –
Peace, the sounds posit themselves.
Oh how the ear is preened!
Good night to you who come by daylight, who come as silence.
Like a last eyelid of colour or sound
You shrink in depth, leaving day washed-out on the embalmer's table.

*

I come from the far unclosed end of this disowned route:
Judea of my darkness, how you dance in full day!
The sun broken your stones showed me
their deeps of unborn trees
the leafless greens in the wind stratum
with no direction no rose –
and the empty spring under the tombstone,
so quick that the marble is porous with it,
that the pigments of light migrate
into the heavy breasts of the night.

*

Ciel compact inentamable.
La terre est prise dans les tables dures de sa loi
qui renvoie le regard
infiniment derrière sa source
à l'ossature liquide de son chant.

*

Nous cherchions des mots pour courir de vastes étendues
où la lumière se penche et tremble un instant
sur le seuil annulé.

Sentiers épars de nos secrets érodés
la chaleur s'y alite
pelouse fauve de nos tâtonnements.

Senteurs de quels jardins veniez-vous rêver sur nos hanches
où nous léchions la poussière de nos plaies?

*

De puits en puits
de bouche en bouche
nous maintenions la foi
d'un jardin profond
gisement de sèves
odeurs enfouies
bourgeonnement sous les reins de la terre
d'un puits à l'autre cependant
l'absence s'aiguisait.
L'eau fébrile de la halte
lui donnait son éclat
d'ange exterminateur.

*

Solid unshakeable sky.
The earth is set in the hard tables of its law
which returns sight
infinitely behind its source
to the liquid ossature of its song.

*

We sought words to cover vast expanses
where light leans over and trembles a moment
on the cancelled threshold.

Scattered paths of our eroded secrets
warmth makes its bed there
brown lawn brown with our touchings.

From what garden were the scents you came and dreamed on our hips
where we licked the dust off our wounds?

*

From well to well
from mouth to mouth
we kept faith
in a deep garden
bed of saps
buried smells
budding under the loins of the earth
while from one well to the next
absence sharpened.
At each station the febrile water
gave it the brilliance
of exterminating angel.

*

Le scarabée sacré
serviteur du Dieu soleil
roule consciencieusement
de ses pattes d'arrière
sa précieuse boulette de

crottin

Parfois la femelle médite en équilibre sur sa boule. Souvent on se met à deux pour le transport et pour le festin qui a lieu dans un abri creusé dans le sol. Étonnant tube digestif ! Ce fin canal, d'une longueur prodigieuse, pelotonné consomme jusqu'à la dernière molécule organique les maigres résidus qu'abandonne l'intestin des herbivores. Le mince filament noirâtre qui apparaît dès les premières bouchées au niveau de l'orifice anal et se déroule sans discontinuité jusqu'à la fin du repas qui dure de 10 à 15 heures, est parfaitement dépouillé.

Quand est venu le temps de pondre, la femelle choisit les excréments les plus riches, les plus onctueux qu'elle peut trouver, pour en façonner non plus une boulette, mais une poire de proportions et d'un fini exemplaires. C'est dans la partie étrécie, dans le col de ce fruit mûr qu'elle creuse le tabernacle (la comparaison est de Fabre) où sera déposé l'œuf.

The scarab beetle
servant of the Sun God
conscientiously rolls
with its hind legs its
precious ball of

dung

Sometimes the female contemplates, balanced on top of the ball. Frequently they join forces to transport it, as for the feast which will take place in a hole dug in the earth. Astonishing digestive tract! This slender tube, extremely long, wound into a ball, consumes to the last organic molecule the slight residues abandoned by the intestines of herbivores. The slender blackish filament that appears from the anal orifice at the first mouthfuls and unwinds continuously until the end of the meal some 10 to 15 hours later, is perfectly exhausted.

When the time comes to lay the egg, the female chooses the richest and most unctuous excrement she can find, and with this fashions no longer a ball but a pear-shape of exemplary proportion and finish. And in the extenuated section, in the neck of this ripe fruit she hollows out the tabernacle (the comparison is Fabre's) where she will deposit the egg.

LES ARACHNIDES
scorpions
araignées
galéodes
sont des êtres d'une efficacité prodigieuse, conçus pour la chasse et la consommation d'insectes dont ils absorbent presque chaque jour l'équivalent de leur propre poids.

LE HIBOU FOUISSEUR

Peut subsister pendant une saison
entière sans boire. Il se nourrit
d'araignées juteuses.

Une vingtaine d'espèces de

poissons
vivent au désert, dans des trous d'eau cachés, alimentés par de maigres sources permanentes; d'autres sur gissent dans les
torrents
éphémères des saisons pluvieuses.

Les œufs résistent à plusieurs saisons
sèches, enfouis dans les profondeurs
fraîches de la terre. Le

crapaud fouisseur
né de la dernière pluie, aussitôt qu'il sent décroître l'humidité, creuse à reculons un trou profond où il s'enferme pendant huit à dix mois, autrement dit jusqu'à la prochaine pluie si toutefois elle est fidèle au rendez-vous. Alors, précipitamment il se déterre, s'installe au bord d'une flaque d'eau précaire et se met en devoir de pousser des cris déchirants pour réveiller une femelle quelque part. Pas une minute à perdre.

THE ARACHNIDS
scorpions
spiders
false scorpions
are creatures of extraordinary efficiency, modelled for the hunting and consuming of insects, of which almost every day they absorb the equivalent of their own weight.

THE BURROWING OWL

can subsist a whole season
without drinking, by eating
j u i c y s p i d e r s.

Some twenty species of

f i s h
live in the desert, in pockets of hidden water, maintained by meagre permanent springs; others appear in the ephemeral
t o r r e n t s
of the rainy season.

Their eggs can survive several
seasons of drought, buried in the
cool depths of the earth. The

b u r r o w i n g t o a d
born in the previous rains, as soon as he senses the fall in humidity, digs, backwards, a deep hole where he buries himself for eight to ten months, that is to say until the next rains if they keep their appointment. Then he immediately emerges, installs himself on the edge of a pool and sets to emitting piercing cries to arouse a female from somewhere. Not a minute to be lost.

La femelle ressuscitée pond sur le champ ses œufs qui sont fécondés sans retard. Les jeunes éclosent au bout d'un jour ou deux, se hâtent d'atteindre le fond de la mare pour y achever leur métamorphose. Et déjà il est temps de s'enterrer.

Athlète de l'ascèse hydrique, la

gerbille

vit dans les cachettes souterraines où elle entasse des provisions de graines. Elle ne sort jamais avant la tombée du jour. La saturation de l'atmosphère souterraine lui permet de diminuer sa déperdition aqueuse par exhalaison et de récupérer une partie de cette humidité perdue. Elle est exempte de glandes sudoripares, urine peu et produit des excréments qui atteignent la perfection en matière d'économie hydrique.

Une gerbille peut vivre toute
une vie de gerbille sans avoir
jamais goûté

l'eau

Beaucoup d'animaux du désert, surtout des rongeurs et des oiseaux, pratiquent une forme d'hibernation estivale, qui consiste à sombrer dans un sommeil profond qui leur permet, grâce à une baisse de la température de l'organisme et une diminution de tous les rythmes biologiques, de réduire leurs besoins caloriques et protidiques à peu de chose.

The resuscitated female lays her eggs on the spot and they are immediately fertilised. The young toads hatch after a day or two and make for the bottom of the pool to undergo their transformation. And already it is time to bury themselves.

The athlete of hydro-asceticism, the

g e r b i l

lives in underground hiding places where he stores a stock of cereals. He never comes out before sunset. The saturation of the underground atmosphere allows him to minimise water-loss by exhalation and to recuperate some of his lost humidity. He has no sweat-glands, urinates very little and produces an excrement which attains a perfect hydrous economy.

A gerbil can live an entire
gerbil's life without once
tasting

w a t e r

Many animals of the desert, especially the rodents and the birds, practise a kind of summer hibernation which involves falling into a deep sleep in which, because of a drop in the temperature of the organism and the diminution of all the biological rhythms, their requirements of calories and proteins are reduced to almost nothing.

Pline pensait que le chameau disposait d'un réservoir mystérieux qui lui permettait de se passer d'eau pendant de longs mois. En fait, c'est l'hydrogène produit par la décomposition des réserves de graisse accumulée dans la bosse, qui, combiné à l'oxygène de la respiration, lui permet cette performance.

*

Pliny thought that the camel possessed a mysterious reservoir which permitted him to do without water for many months. In fact this feat is made possible by the hydrogen resulting from the decomposition of fat accumulated in the hump, combined with the oxygen he breathes in.

*

Et certes
l'immensité est en moi

joie d'aller dans le clair du rythme
qui accorde et sépare les cellules sonores
à la vitesse de l'espace qui basculant par-delà

son envergures de lumière

poussée sans halte ni puits qu'elle-même
circulant librement dehors et dedans
toi n'ayant que ce temps et ce lieu
ici dans les pierres pour l'éclairer
confondu
extradé
disrompu
la poussière si revêche sur la langue les yeux
si fluide le bonheur des mots
la confiance du corps dans la musique
la langue sans cesse rompue, chevillée

à l'amplitude effrayante et
heureuse

le voyage rendu au voyage
tout le long de sa route désossée
l'augure examine le fumier du soir
prédit la nuit au cœur de l'homme
prédit des eaux depuis toujours la flamme

dilatation sans entraves

*

Le soir déploie son rouleau de Psaumes
la voix bleuie sur ses assises de lave
récite la montagne sans fond de la finitude
les têtes chauves de l'assemblée muette.

And surely
the immensity is in me

joy of being in the light of the rhythm
that joins and separates the cells of sound
at the speed of the space vacillating beyond

its wing-spread of light

thrust forth with no halt or watering-place but itself
freely circulating inside and out
you having only this time and this place
here among the stones to make it clear
confounded
extradited
disrupted
the dust so harsh on the tongue the eyes
so fluent the happiness of the words
the body's trust in the music
the tongue endlessly broken, fastened

to the terrifying and joyful
amplitude

the journey rendered to the journey
the whole length of its unboned route
the augur examines the evening dunghill
predicts night at the heart of man
predicts as ever the waters in flame

unclamped dilation

*

Evening unfurls its Psalm scroll
the voice blueish on its lava beds
recites the bottomless mountain of finitude
the bald heads of the mute assembly.

Ôte tes sandales toi sur le seuil
du baiser qui t'embrasera!
Et quelle est cette fraîcheur de naufrage
dans la clarté de ton œil
où chaque jour est englouti Canaan?

Violentes ces nuits si proches du matin.

Tu viens par les grands fleuves desséchés d'Ethām
dans la stupeur de midi qui nous renvoie
sous nos tentes, mais comment viendrais-tu
dans l'ombre poreuse partager notre faim
quand toute l'étendue est la même flamme.

J'entends le pas sur les débris de lumière.

*

Pudeur dévêtue de cette hanche de craies
lorsque se tait l'éblouissement.
Ton chemin serré dans sa lueur au-dedans
le nom sans cesse refondu.
Le jaune dévoilement replie ses nudités
à de plus sombres enflures.
Sous la rugine qui fouille se montre
par endroits l'ossature du feu,
non pas l'onde blanche fulgurante du Tīh
mais la fréquence calme des pores dilatés
qui givrent comme saisis par leur propre rumeur
et cet œil éboulé au sommet du bleu
(splendeur aride au creux de l'exprimé)
où coulent à pic des oiseaux pétrifiés

*

Quelle douceur sur les pentes de ce lent retour à la terre!
Seul notre bavardage emmêle le visible
s'armant sous la tombée de la nuit.

You, on the threshold of the kiss
that will set you ablaze, take off your sandals!
And what is this bloom of shipwreck
in the light of your eye
where Canaan is daily engulfed?

Violent these nights so close to morning.

You arrive on the dried-up rivers of Ethaam
in the midday stupor that sends us back
under our tents, but how would you arrive
in the porous darkness to share our hunger
when the entire extent is one flame.

I hear the footstep on the débris of light.

*

Undressed pudeur of this chalk haunch
when the dazzlement is silenced.
Your path clasped in its inner light
the name endlessly recast.
The yellow unveiling folds its nudities
towards darker swellings.
Under the probing raspatory the bonework
of fire is revealed in places,
not the flashing white wave of Tīh
but the calm frequency of dilated pores
which frost over as in the grip of their own rumour
and this crumbling eye on the summit of the azure
(arid splendour in the hollow of the expression)
where petrified birds plummet

*

Such gentleness on the slopes of this slow return to earth!
Only our chatter enmeshes the visible
as it arms itself under nightfall.

Affairement d'étoiles.
Mais bientôt
sous la croisée de voûtes de pesanteur et silence
comme un jugement dissous dans l'égale lumière
le haut et le bas, le feu et la pierre
lissés d'un même geste sous la trame soluble.

*

Pour sanctuaire
la lente saturation de ton soir.
Ciel d'un seul geste qui n'arrête plus la terre,
reins de collines élucidés –
clarté éocène, ses vastes prairies de marnes
mûries sous la mer.
De toutes ces danses et combats de coquilles
la douce dorure de nos yeux.
Que cela. Que ce lit
bistre et fauve de l'incomparable. Rien.
Nous nous coucherons pour seule herbe entre nos mains.

*

Pli après pli
de faille en faille
déposés
fouillés
épars
dédiés aux fonds du même sans abri –
patiemment le jour se meurt.
Un jour j'aurai vu
ce dernier barrage de lumière cyanosée
aller se dissoudre dans les gris lisses
des galets.
Et ton aile battait encore par endroits
blancheur soudaine qui appelle
dans la mort calme de l'étreinte.

*

Bustle of stars.
But soon
under the crossed vaults of heaviness and silence
like a judgement annulled in the uniform light
the high and the low, the fire and the stone
smoothed in the one act under the dissolving weft.

*

As sanctuary
the slow saturation of your evening.
Sky of a single act that no longer halts the earth,
haunches of the hills elucidated –
eocene light, its vast plains of marl
ripened under the sea.
From all these dances and shell conflicts
the gentle glaze of our eyes.
Just that. Just this tawny, fallow,
incomparable bed. Nothing.
We shall go to sleep, ourselves the only grass in our hands.

*

Fold upon fold
from fault to fault
laid down
laid bare
scattered
dedicated to the same shelterless depths –
the day patiently dies.
One day I'll have seen
this last barricade of cyanose light
dissolve into the soft greys
of the pebbles.
And your wing was still beating in places
sudden whiteness calling
in the calm demise of the embrace.

*

Matin de fraîches et de fauves –
tu offres tes fruits à la foulée d'un commencement
tes cuisses encore humides de désir, dévêtues de gravité –
comme le chant est déjà loin de son fardeau de campement!
Comme il lave les pores du regard!
Habitant du geste sans gîte
nous épousons les porches du dieu
levés dans la poussière –

d'un seuil absent à l'autre
porteurs du souffle nos ventres, nos poumons
sentent l'iode, la levure
ce faible mouvement aux attaches de la nuit!
Non, pas de rêves!

Nos corps connaissent la franchise du parcours
innocence si vive dont nous cloue l'unique
battement au cœur d'un vide –

*

Nos vêtements sont brûlants   le regard
durci, renvoyé à ses travaux de terrassement
fondu   coulé   là où bifurque la lumière.
Pour toute vision: une douleur blanche, dilacérante
peux -tu encore sur cette terre dansante damassée
de vapeurs entre les deux nerfs optiques
étendre la voûte des cieux?
Cependant la rosée.
Elle couve dans les muscles de l'incendie
elle a ses gîtes dans les croûtes noires
elle a sa vitesse dans les artères qui pulsent
dans le blanc intense
dans le fleuve des laves
ignorant la mer.
«J'ai été dévoré par la chaleur du jour
par le froid de la nuit,
et le sommeil a fui mes yeux.»
Ciel d'airain
terre de feu immobile

Cold, tawny morning –
you offer your fruit at the pace of a beginning
your thighs still damp with desire, divested of gravity –
how far the song already is from its burden of encampment!
How it washes the pores of sight!
Inhabitant of the homeless act
we espouse the porches of the god
raised in the dust –

          from one missing threshold to another
          breath-bearing, our bellies, our lungs
          smell the iodine, the yeast
          these feeble movements in the joints of night!
          No, no dreams!

Our bodies know the frankness of the road
lively innocence whose unique beating at the
heart of an emptiness fixes us –

*

Our clothes are burning hot   sight
hardened, returned to its work of embanking –
melted   cast   there where the light forks.
The entire scan: a dilacerating white ache
can you again on this dancing earth, damasked
with vapours spread out the sky vaulting
between the two optic nerves?
However, the dew.
          It broods in the muscles of the conflagration
          it lodges in the black crusts
          it speeds in the pulsing arteries
                    in the intense white
                    in the river of lavas
                    without reference to the sea.
'Thus I was: in the day the drought consumed me
and the frost by night,
and sleep departed from mine eyes.'
          Sky of brass
          land of static fire

frappés de consomption
de fièvre chaude
de rouille et de nielle
pour seul nuage des nuées de lœss
couleur de bile et de damnation
qui voyagent à la manière des fantômes
grands lambeaux d'âmes poussiéreuses.
La rosée en marche.
Dans les fûts de lumière
dans les canaux obscurs de calcium
le jour caché dans son squelette d'aromates.
J'ai dévoré la chaleur du jour
le froid nocturne grésille dans mes pores
comme un asthme de Dieu
le sommeil criblé de feux de givre
l'odeur de pierre baise la rosée.

smitten with consumption
hot fevers
rust and blight
its only clouds clouds of loess
colour of bile and damnation
which travel like ghosts
great long shreds of dusty souls.
Dew in transit.
In casks of light
in hidden calcium channels
the day set into its aromatic skeleton.
I have devoured the day heat
nocturnal cold sizzles in my pores
like God's asthma
sleep riddled with frost fires
the smell of stone kisses the dew.

Égée
(Gallimard 1980, 1993)

Étincellement du pelage des eaux!
Grésillement du sel dans l'or chaud de l'huile,
dans le masque rongé du poème.
Crocs et griffes fouillez, fouillez
la pâte sombre et sonore de verre,
la pudeur du corps, sous le soc,
inapaisé!
Tant de perfection à sa ruine sous le marteau du vide.
Gémissement du gros œuvre des vagues,
éparpillement du nom dans les herbes du soir.
Échardes et débris pour te faire une âme,
des dents claires pour le sang de la tragédie –
tes pieds traînent dans la rouille des roches
– pense à écrire à l'ange d'Éphèse et de
Laodicée –

les soleils du monde un paquet d'oursins
dans la caverne encore fraîche de l'œil.

*

Qu'ici nous parlent l'eau et la pierre
floraison de routes légères sur le gouffre.
Levés dans l'argile humide de l'aube,
que nous portent ces vents de résurrection
– de la pudeur des roses à la roche rétive –
que celui qui entend dise: Viens –

*

Egean
(translated by Peter Riley)

The water's hide sparkles!
Crackling of salt in the warm golden oil,
the poem's pitted mask.
Tooth and nail, dig in, dig
into the dark sonorous glass pasta,
the body's reluctance, under the plough,
insatiate!
So much perfection gone to ruin under the hammer of the void.
Wailing of the waves' foundations,
the name scattered in the evening grasses.
Shards and debris to build yourself a soul with,
teeth bright for the blood of tragedy–
your feet drag in the rust of the rocks
– remember to write to the angel of Ephesus and
Laodicea –

suns of the world a heap of sea urchins
in the still cool cavern of the eye.

*

May water and stone speak to us here
florescence of easy routes across the abyss.
Raised in the damp clay of dawn,
may these resurrection winds bear us
– from the coy roses to the stubborn rock –
may he who hears say: Come –

*

Dans l'empierrement du nom
tu as recueilli cette matière ailée.
Tu as épelé tout haut, appelé du souffle
la lourde chaîne qui grince au sommeil
des ancres dans les ports inconnus –
Ton œil poisseux du petit matin
Essaie de comprendre, incisée par la rame
dans l'onctueux des gris cette autre clarté.
Ce que tu as vu fermenter dans la chair
quand se rompt soudain la voûte des eaux
sur le porteur de braises, le ravisseur nocturne,
tu l'as enfoui hâtivement sous les soirs
ou dans l'âpreté de midi quand le perron liquide
du feu se prend en un corps inconnu
et sombre en son ventre de buisson d'épines.

*

NÉOLITHIQUE II

Déesses adipeuses que n'a pas encore touchées la proportion, ni les grâces compliquées, ni l'ascèse,

tout à leur réserve de lait, de lipides, de semences –

règne de plis qui exhale l'aloès amer et les sept parfums propitiatoires, mêlés aux relents des bêtes grasses sur le feu.

Dans un coin de la maison, dans les grandes jarres blanches, accroupis, les morts.

Là-bas, entre les chrysanthèmes de haute mer, grosses de leur charge d'obsidienne, les barques de Mélos dérivent.

Dans les blocs compacts de noir, au fond des brèches de clivage, ces grandes coquilles voluptueuses où glisse une eau de lumière.

*

In the ballast of the noun
you have found this winged substance.
You have spelt it aloud, named in breath
the heavy chain clanking through the sleep
of anchors in unknown harbours –
Your eye sticky with early morning
tries to understand this other light,
notched by the oar in oily greys.
What you have seen fermenting in the flesh
when the vault of waters suddenly collapses
on the man carrying embers, the night rapist,
you have hurriedly buried under the evenings
or in the harshness of noon when the fire's liquid
doorsteps congeal into an unknown body
and founder in its dark thorn-bush belly.

*

SECONDARY NEOLITHIC

Adipose goddesses not yet touched by proportion, nor by the complications of grace, or the ascetic,

engrossed in their reserves of milk, seed, lipids –

realm of folds exhaling bitter aloes and the seven propitiatory perfumes mingled with the stale smell of burning animal fat.

And, crouched in great white jars in the corners of the houses, the dead.

Over there, among the high sea chrysanthemums, great with their loads of obsidian, the boats of Melos, drifting.

Inside the blocks of concentrated blackness, deep in cleavage cracks, these great voluptuous sea-shells where a water of light slips by.

*

MINOEN ANCIEN*

La main épelle au sommeil des roches
des noms et des rythmes pour une incantation.
Et si claire est cette voix tirée de l'opaque,
si simple la gorge qu'elle ouvre en ce qui pèse,
que la main frissonne sur les pentes évidées.
Adossée à la nuit, elle hésite encore,
tant de bruits fins des eaux dans les doigts,
elle suit une ligne encore inconnue dans le monde,
de point en point où son toucher respire,
où l'onde de pierre déboutonne son corps,
délace au ventre le bonheur du plein,
elle redit la ligne déjà inconnue dans le monde,
dans la chaleur du même ravage oublié.

*

MINOEN MOYEN III

Puits de lumière des maisons de Tylissos
puits d'ombre des fêtes de l'été.
Dans la chambre profonde de fraîcheur
la pierre du regard dans l'anneau sombre
rompu d'un bref ruissellement de cuivre
couleuvre de fécondation, protectrice des morts.

Cueilleurs de safran,
cueilleurs de pépites rouges, bleues et blanches
à Cnossos et Hagia Triada
la soif des fleurs sous le poids des morts
courbe la main aux flancs du vase –
comme il brille un instant le ventre mouillé de soleil!
Hommes glabres aux longs cheveux,
ceints de pagnes, huilés de combats,

* Vases de pierre, de marbre, d'albâtre et de stéatite: à Mochlos, à Paros, à Antiparos, à Naxos, à Amorgos…

EARLY MINOAN*

In the sleep of rocks the hand spells
the names and rhythms for an incantation.
And this voice drawn from opacity is so clear,
so simple the throat it opens in what has weight,
that the hand shivers on the hollowed-out slopes.
Back to back with night, pauses again,
such slight sound of waters running through the fingers,
follows a line as yet unknown in the world,
where the touch breathes from point to point,
where the stone wave unbuttons its body,
unfastens at the belly the joy of fullness,
and repeats the line already unknown to this world,
in the heat of the same forgotten ravage.

*

MIDDLE MINOAN III

The houses of Tylissos wells of light
the summer festivals wells of darkness.
In the room deep with coolness
the stone of sight set in the dark ring
broken by a brief rippling of copper
snake of fertility, protector of the dead.

Saffron pickers,
gatherers of red blue and white nuggets
at Knossos and Hagia Triada
the thirst of flowers under the weight of the dead
bends the hand to the flanks of the vase –
how the belly, soaked in sunlight, shines for a moment!
Smooth-skinned men with long hair,
girdled with loincloths, oiled for fighting,

* Vessels of stone, marble, alabaster and steatite: at Mochlos, Paros, Antiparos, Naxos, Amorgos...

l'arc tendu à l'extrême du mouvement,
moissonneurs et porteurs d'offrandes –
ruissellement de haches et de bijoux –
dames bleues et hommes aux longs cheveux
qu'avez-vous vu de si incompréhensible?
qu'était cette clameur sur vos seuils?
1570

*

MINOEN RÉCENT I
(Aiguières d'Hagia Triada)

Dauphins, poulpes, poissons
fraîcheur de lin, de roseaux, d'oliviers
tremblement du jour dans une couleur
joie d'une ligne qui bouge encore
et je rêve à cette main entre milliards
de mains, étonnée, heureuse –
et je ne sais quoi, un pigment
qui fait que l'âme respire,
que voit la vie, ces choses qui
viennent à mes doigts
et mourront une fois encore –

*

Respiration de flûte dans le poids du calcaire.

Tout un monde de choses incertaines, de clartés gris-brun furtives de fauvette

bavardage distrait de cailloux – des pas émus, en désordre parmi les mesures austères du géomètre.

Ombre charnelle dans la forêt dépouillée des fûts, dans le trou humide de la caverne oculaire

fraîcheur pieds nus du soleil sur les dalles

la plus dogmatique lumière doucement effritée sur la peau ou frileuse, caillée dans la tête quand retombent les bruits.

the bow drawn to its greatest tension,
harvesters and bearers of offerings –
rippling of axes and jewels –
women in blue and men with long hair
what have you seen so incomprehensible?
what was that clatter on your doorsteps?
– 1570

*

LATE MINOAN I
(Water-jars from Hagia Triada)

Dolphins, octopus, fish,
cool flax, reeds, olive trees
daylight trembling in a colour
joy of a line still moving
and I dream of this one hand among
millions, amazed, happy –
and a certain something, a pigment,
that makes the soul breathe,
and life see, these things that
come to my fingers
to die once more –

*

Flute-breath in the weight of limestone.
A whole world of uncertain things, furtive grey-brown clarities of the warbler
aimless chattering of pebbles – footsteps disordered by emotion among the austere measurements of the surveyor.
Carnal shadow in the forest of bare columns, in the damp pit of the ocular cave
barefoot coldness of sunlight on the paving
the most dogmatic light gently crumbled on the skin or chilled, curdled in the head as the sounds begin to fall again.

Sur la colline où tu as vainement contemplé la Proportion
où tu as touché l'enflement des courbes
regarde la lumière intimidée, tendre et nostalgique lumière de l'âge sur le ventre érodé –

courant depuis des pas dans l'herbe des années –

*

Joueur de flûte, j'ai tant erré dans les terres d'ombre
et je ne sais pas ton visage.
Le tintement liquide des cloches du troupeau
tout ce large au soir qui vient sur les cailloux
écailles et bris d'une ancienne mémoire
désastres lointains, départs imminents
pourquoi ces grappes maintenant si légères
et j'écoute adossé à un ciel très pâle
les morts qui connurent tous les sons de l'air
tant de rouages que meut la transparence
et je sens dans la bouche les dents rouges de l'âme

tourbillon de danse, sifflement d'aile
porteur de vie et d'égarements
toi la Règle, toi l'Erreur,
la juste tension des larmes,
le goût âpre de la langue brûlée –

*

Nuit sur mer plus noire que mer.
Il faut ramer longtemps, je sais.
La barque est noire et blanche
la peau humide et frileuse
(ton corps sentait la résine vers l'aube et la sauge)
je rame
une jubilation se tend sur les eaux couleur de ramier,
tu casses le pain cuit dans l'écorce d'orange, –
la mer change rapidement d'armure

On the hilltop where you have contemplated Proportion in vain
where you have touched the swollen curves
look now at the intimidated light, tender and nostalgic light of age on the eroded belly –

dating from footsteps in the grass of years –

*

Flute player, I have wandered so much in lands of shadow
and I don't understand your face.
Liquid tinkling of the sheep bells
all this sea-spread as evening reaches the pebbles
scales and wrack of an ancient memory
distant disasters, imminent departures
why the bunches of grapes weigh so little now
and leaning back on a sky almost white I listen
to the dead who once knew all the sounds of the air
so much wheelwork driven by transparency
and I feel in my mouth the red teeth of the soul

whirl of dance, whistle of wing
bearer of life and loss
you, Rule, you, Error,
precise tension of tears,
rough taste of a burnt tongue –

*

Night at sea blacker than sea.
A long way to row, I know.
The boat is black and white
the skin damp and chilly
(towards dawn your body smelt of resin, and sage)
I row
a gladness stretches over the dove-coloured water
you break the bread baked in orange peel, –
the sea quickly changes its armour

(je ne te reconnaissais plus le matin dans les draps du regard)
la mer plie de grandes barres de miel roux,
la fraîcheur surprise dans les menthes, l'origan
et le nerprun épineux –
il y a des îles encore très accroupies
la chapelle blanche sur le dos et des femmes
qui viennent, gréées de noir
comme si tout était déjà tard et couvert de cendre.

*

une barque de pêcheur, là-bas, immobile,

dur noyau de lumière
sédiment calme de célérité

sa chimie érode
le corps debout
ininterrompu de mer

(I no longer knew you in the morning wrapped in the sheets of sight)
the sea folds great bars of dark honey,
coolness trapped in mint, oregano,
buckthorn –
there are islands still crouched very low
a white chapel on their backs and women
arriving, rigged in black
as if everything were too late and covered in ashes.

*

a fisherman's boat, down there, motionless,

hard core of light
calm sediment of rapidity

its chemistry erodes
the uninterrupted, standing
body of sea

EDMOND JABÈS

Ça suit son cours
(fata morgana 1975)

L'éternité des pierres

«J'ai appris que, quoi que j'entreprenne, je ne ferai jamais que persévérer.»

ROGER CAILLOIS
(*Approches de l'imaginaire*)

La pierre est, sans doute, la moins éloquente, mais certainement la plus identifiable des formes de l'éternité.

Sur elle, s'élèvent nos édifices, éclatent nos orages.

Quand la pierre se fait transparente ou, plutôt, quand la transparence se fait pierre, tous les rêves de la terre se donnent à lire.

L'éternité joue avec l'éternité, dans la limpidité de ses grands miroirs immobiles

…rampantes clôtures.

Et si l'orage était aussi dans le cristal?

EDMOND JABÈS was born in 1912 and died in 1991. He lived in Egypt until 1957, when he was obliged to go and settle in France. Jabès collected his first poems in *Je bâtis ma demeure*, and then published in three cycles an Œuvre/Meditation, born of exile and death, as a kind of chant both sacred and accursed, centred on the experience of jewishness after the extermination. The poet braves the irreductible silence of the desert, and bends to it 'as though to affirm the precariousness of assurances and desires in face of death and the Word' (Henry Deluy).

Following the course

(translated by Garry Mole)

The eternity of stones

'I have learnt that whatever I embark upon I shall never do anything but persevere.'

ROGER CAILLOIS
(*Approaches to the imaginary*)

Stone is doubtless the least eloquent but certainly the most identifiable of the forms of eternity.

On it our edifices rise, our storms break.

When stone becomes transparent or, rather, when transparency becomes stone, all the dreams of the earth can be read.

Eternity toys with eternity, in the limpidity of its great immobile mirrors.

...creeping enclosures.

And what if the storm were also in the crystal?

«PIERRES» de Roger Caillois

«Je parle des pierres plus âgées que la vie et qui demeurent après elle sur les planètes refroidies, quand elle eut la fortune d'y éclore. Je parle des pierres qui n'ont même pas à attendre la mort et qui n'ont rien à faire que laisser glisser sur leur surface le sable, l'averse ou le ressac, la tempête, le temps.

«L'homme leur envie la durée, la dureté, l'intransigeance et l'éclat, d'être lisses et impénétrables, et entières même brisées. Elles sont le feu et l'eau dans la même transparence immortelle, visitée parfois de l'iris et parfois d'une buée. Elles lui apportent, qui tiennent dans sa paume, la pureté, le froid et la distance des astres, plusieurs sérénités.»

«STONES»
by
Roger Caillois

'I speak of stones older than life itself, which remain behind on planets grown cold, long after life had the fortune to blossom. I speak of stones which do not even have to await death and which have nothing else to do but to let sand, downpour or backwash, storm and time glide over their surface.

'Man envies them their endurance, hardness, intransigence and brilliance, envies them for being smooth and impenetrable, and whole even when broken. They are fire and water in the same immortal transparency, sometimes touched by iridescence and sometimes cloudy. They bring him, within the span of his palm, the cold, purity and distance of the stars, several serenities.'

I

Un livre qui croît dans la distance, telle dans ses aveux, l'étoile.

Un livre inhabitué.

Et il nous faut en tenir compte et le recevoir, comme s'il avait franchi un immense espace pour nous atteindre; d'où cette parole, à la fois proche et lointaine; je dirais même d'autant plus proche qu'elle semble venir du plus obscur des temps; d'où cette continuité dans la rupture, comme si tout s'effaçait et renaissait dans le commencement; cette continuité qui, dans la pierre, est la révélation d'une aveugle poussée dans l'invisible, d'une volonté sans pareille de durer et d'accomplir le cycle.

De l'inerte à l'inerte.

Nous découvrons, après Roger Caillois, dans le poli de la pierre, l'ovale et le rond, le double polyèdre et le losange qui en sont comme les chemins éblouis et les grisants retours et en éprouvons le mystère et l'audace.

Milieu de la représentation multiple, du cercle et de sa métamorphose *dans* le cercle, ou du cercle et de sa métamorphose *après* le cercle, le centre – qui est nœud de vérité – est, chaque fois, ailleurs.

Mais tout est vrai dans la pierre parce qu'elle existe dans la mort, parce qu'elle est, à la fois, l'anonyme visage du monde et la première ou la dernière respiration de l'animal et de l'homme saisies dans leur succession heureuse ou malheureuse; parce qu'en elle enfin tout existe avant la vie et outre-mort.

Ainsi, dans son accomplissement, l'œuvre se veut à l'image du plus humble caillou; à son image répandue que la mer, la pluie et le vent caressent et usent; car l'usure, telles les rides, est aussi preuve de fatal accomplissement.

«... le profil le plus pur, le plus pauvre aussi, mais le seul véritablement nécessaire.

«Dans ce long acquiescement, dans cette ultime misère, se dissimule assurément une des formes concevables de la perfection.»

Comme dans la pierre fendue, la beauté est au fond d'une blessure.

I

> A book growing in the distance, like the star in its avowals.

A book that does not come often.

And we must take this into account and welcome it, as if it had crossed an immense space to reach us; hence this word, at once near and distant; I would even say all the nearer because it seems to come from the most obscure of times; hence this continuity in the break, as if all was erased and reborn in the beginning; this continuity which, in stone, is the revelation of a blind thrust within the invisible, of an unequalled will to last and complete the cycle.

From the inert to the inert.

After Roger Caillois, we discover, in the lustre of the stone, the oval and the round, the double polyhedron and the diamond which are like the stone's dazzled pathways and intoxicating journeys back and we experience their mystery and audacity.

The medium of multiple representation, of the circle and its metamorphosis *in* the circle, or of the circle and its metamorphosis *after* the circle, the centre – knot of truth – is always elsewhere.

But everything is true in stone because it exists in death, because it is both the anonymous face of the world and the first or the last breath of animal and man seized in their fortunate or unfortunate succession; because in it finally everything exists before life and beyond death.

So it is that the work, in its completion, aspires to be in the image of the most humble pebble; its dispersed image caressed and worn down by the sea, the rain and the wind; for wear, like wrinkles, is also evidence of fatal completion.

'… the purest outline, the poorest too, but the only really necessary one.

'In this long acquiescence, in this ultimate poverty, certainly hides one of the conceivable forms of perfection.'

As in the cracked stone, beauty is at the heart of a wound.

«Moi aussi quand j'écris ces pages, assemblant mes mots avec peine et liberté, j'accomplis, mais autrement, la même tâche qui n'était pas encore tâche ni rien de tel et qui, pourtant, fut celle des pierres que j'ai tenté de décrire.»

II

(Cercle que fait la pierre tombée dans l'eau.
Ah! me rendrai-je, un jour, maître de l'univers en jetant, du haut de la falaise, des pierres de plus en plus lourdes dans la mer?

À ce point du jour.
Le centre contesté.)

«Cercle rencontré par fortune dans l'agate, entamé par un cercle voisin, il nous laisse l'impression d'une tentative avortée.

«Au contraire, il affirme sa gloire quand il se proclame vaste et isolé comme le soleil dans le vide du ciel, sur champ uni d'agate ou de cristal incandescent. Alors, c'est merveille.»

Dans la pierre gît le premier mot de la terre, l'infini du signe.

L'univers est, peut-être, né de cette lecture hardie.

Dans la pierre tout cesse de se perdre, dès lors qu'elle s'est figée dans son épanouissement et que son existence n'est plus qu'une éternelle non-existence.

En explorant, comme il le fait, l'univers des minéraux, Roger Caillois a-t-il eu, d'emblée, conscience de côtoyer une vérité qui, depuis toujours, le hantait? De là, un certain apaisement, une sorte de sérénité – presqu'une assurance – dans sa démarche et qu'éprouvent, sans doute, ces chercheurs d'impossible qui, refusant même le miracle, dénoncent au nom de l'idée qu'ils servent, l'imposture partout où elle se manifeste.

'When I write these pages, putting together my words with difficulty and freedom, I too complete, but differently, the same task which was not yet a task nor anything like it and yet which belonged to the stones that I have tried to describe.'

II

(Circle made by the stone when it is dropped in water.

Ah! will I one day make myself master of the universe by throwing heavier and heavier stones from the top of the cliff into the sea?

At this point of day.
Disputed Centre.)

'The circle encountered by chance in agate, cut through by a neighbouring circle, leaves us with the impression of an aborted attempt.

'On the contrary, it asserts its glory when it proclaims itself vast and isolated, like the sun in the emptiness of the sky, on an even field of agate or incandescent crystal. Then it is pure marvel.'

In stone lies the first word of the earth, the infinite of the sign.

The universe, perhaps, is born of this bold reading.

In stone everything ceases to be lost from the moment it has frozen in its unfolding and its existence is no more than an eternal non-existence.

In exploring, as he does, the universe of minerals, was Roger Caillois aware, from the beginning, of skirting a truth which had always haunted him? Hence a certain relief, a sort of serenity – almost a self-confidence – in his method and which are experienced no doubt by those seekers of the impossible who, refusing even to accept miracle, denounce, in the name of the idea they are serving, imposture wherever it appears.

L'interrogation passionnée du monde minéral qu'il découvre, le conduit, cette fois-ci – et pour la première fois, peut-être – à s'identifier à chacun de ses fragments, au point d'en apprendre et d'en poursuivre l'écriture; au point d'établir avec soi-même – devenu l'objet, la pierre éclatée – un exemplaire carnet de correspondances qui le poussera, peu à peu, à se définir à travers une mythologie nouvelle, une métaphysique, une morale, une esthétique, dans ces régions d'outre-temps, où la vie et la mort sont synonymes.

Ainsi affronte-t-il une écriture – la sienne? – dans le vide où elle est inscrite, tels ces soleils éteints qui scellent les dernières pages du livre. Livre gravé dans le signe et dans son silence; c'est-à-dire dans ce qui, d'avoir été, affirme son absence et dans ce qui, pour être, se nomme.

«Dans cette vision un peu hallucinée qui anime l'inerte et dépasse le perçu, il m'a parfois semblé saisir sur le vif, une des naissances possibles de la poésie.»

III

Je me revois, dans les déserts d'Egypte, à la recherche de silex – jaunes, quelquefois bruns – les déterrant, les ramassant pour leur visage humain soudain surgi de leur néant – pour un visage de l'homme éternel que le temps modèle par siècles et non par instants – pour leur visage vivant contre la vie.

Seul, au milieu des sables dont chaque dune témoigne de l'épuisement du vent, de l'abandon du monde, je me contentais de l'apparence; alors que c'est à l'intérieur de la pierre que bat génialement le cœur ouvrier de la mort, que s'écrit en pulsions célestes ou infernales, l'univers clos de l'éternité.

The passionate questioning of the mineral world that he discovers, leads him, this time – and perhaps for the first time – to identify with each of its fragments, to the point of learning and continuing its writing, to the point of establishing with his own self – having become the object, the shattered stone – an exemplary notebook of correspondences which will gradually push him to define himself through a new mythology, a metaphysics, a morality, an aesthetics, in those regions beyond time where life and death are synonymous.

In this way he confronts a writing – his own? – in the emptiness in which it is inscribed, like those dead suns which seal the last pages of the book. Book engraved in the sign and in its silence; in other words in what, for having been, asserts its absence and in what names itself in order to be.

'In this somewhat hallucinated vision which gives life to the inert and goes beyond the perceived, I sometimes thought to catch in the act a possible birth of poetry.'

III

I can see myself again in the deserts of Egypt, looking for flints – yellow, sometimes brown – unearthing them, collecting them for their human face, suddenly emerged from their nothingness – for a face of the eternal man fashioned by time in centuries rather than in moments – for their face living against life.

Alone, amidst the sands whose every dune witnesses the exhaustion of the wind, the desertion of the world, I would be contented with the appearance; whereas it is within the stone that the labouring heart of death beats with genius, and is written, in celestial or infernal pulses, the enclosed universe of eternity.

FRANCK ANDRÉ JAMME

Bois de lune
(fata morgana 1990)

Tu viens souvent avec ton oiseau sur le poing. Enfin, on le croit. Tu viens et tu attends. Lui ne te ressemble pas, s'impatiente assez vite, gratte le gant de son maître, commence à y planter ses serres. Alors s'il s'agite de trop sous sa coiffe de cuir, c'est qu'il a senti une brèche et tu n'as plus le choix: tu lui ôtes son masque, desserres le fil de sa patte et le voilà parti. La moindre chose qui brillait fait chaque fois long feu. Et tu sais avec sûreté ce qu'il repère et tue, car il te le ramène. Mais ce qu'il a vraiment vu, là-bas, la chose hurlant de vie et de lumière, toujours tu la méconnaîtras: tu ne pourras jamais que décrire la prise qu'il dépose à l'instant à tes pieds – qui marmonne encore, c'est vrai, mais déjà de l'autre berge. En somme, tu es un aveugle. Ta chasse, une simple cueillette. Et pourtant, cet oiseau, tu n'as pas le plus petit souvenir de son bruissement dans l'air, ni de la courbe de son vol. Pour la raison qu'il est en toi. Tu n'as jamais pu repérer précisément où, mais tout cela se passe en toi.

FRANCK ANDRÉ JAMME was born in 1947, and has published five books and a number of pamphlets, almost all of which have been illustrated by painter friends. He has been very highly regarded by major writers. Henri Michaux has referred to him as a 'writer of rare quality'. In 1983 René Char asked him to direct the publication of his complete works for the Bibliothèque de la Pléiade. He is also the translator of the Bengali poet Lokenath Bhattacharya, and has set up several small publishing houses (Marchant Ducel, SLM, Encore, Festina Lente and Fakir Press). He has recently contributed to an opera by Claire Renard, *Bel Canto*.

Moonlighting wood

(translated by David Kelley)

Often you come with your bird perched on your wrist. At least people think so. You come and you wait. The bird is not like you, gets quite quickly impatient, scratching its master's glove, starting to dig in its claws. Then it starts scrabbling its beak too much within its leather hood – it's sensed a breach and you no longer have any choice: you take off its mask, loosen the twine on its foot, and there it is, gone. The least thing that glittered each time hangs long fire, and you know for certain what it spots and kills, for it brings it back to you. But what it really saw over there, the thing screaming with light and with life you will always fail to recognise: you will never be able to more than describe the catch that it lays at that moment at your feet – still whimpering, it is true, but already passed over to the other side. Finally, you are a blind man. You hunt, but it is but gathering. And yet, of that bird you have not the slightest memory of its fluttering in the air or the curve of its flight. For the good reason that it is within you. You have never managed to spot exactly where, but all of this happens within you.

Pluie
au crâne de nacre

Flaque

Perle tranchée

Qui se rappelle
sa naissance?

*

Es–tu sûr
de ta main de jour?

Et de ta main de nuit?

Est–ce que tu peux
faire chanter
une malle vide?

*

On court

On est immobile

On cherche

Et on ne trouve pas

Renards effrayés
par le gouffre

*

Rain
with pearly skull

Puddle

Sliced pearl

Who remembers
their birth?

*

Are you sure
of your daylight hand?

And your night-time hand?

Can you
make sing
an empty trunk?

*

We run

We stand still

We seek

And do not find

Foxes frightened
by the abyss

*

Femme
à peine croisée

Feux
du marchand de neige

La rue

Plus vite que les pas

*

Tout
est toujours
trop loin

Où que l'on aille

Même les éventails
ont leur langue

*

Pivoine
aux ailes rouges

Ou pétales
d'oiseau

Pourquoi faudrait-il
s'acharner?

*

Woman
hardly encountered

Fires
of the snowmonger

Street

More rapid than steps

*

All
is always
too far

Wherever we go

Even fans
have their tongue

*

Red-winged
peony

Or petals
of a bird

Why should we be
so dead-set?

*

Tâche plutôt
d'être le songe

Parfois

La mère
de l'enchantement
des actes

*

Monde

Brillant
jusqu'aux larmes

Petite feuille d'or
instantanément
battue

Try rather
to be dream

Sometimes

Mother
of the enchanted
acts

*

World

Glittering
to the point of tears

Tiny leaf of gold
instantly
beaten

De quelque façon, ils t'ont passé aux pieds une corde, presque invisible. Disons plus exactement que toute la grande machine dont ils tiennent et reproduisent le fonctionnement l'a fait pour eux. Et ils te reprochent maintenant sans vraiment le dire, comme ça, à travers les mailles des mots, de ne plus pouvoir si bien marcher. Ils t'invitent à leur table. Entre deux gâteries, ils jasent que l'abondance n'a pas grande importance, au fond. Tu en as honte de ta peine. Alors tu manges peu et très élégamment. Un vrai singe. Pourtant ils ne te feront jamais prendre l'obscurité si brève du piège pour l'immensité de la nuit. Mais cela n'est pas transmissible. Ou difficilement. C'est une question délicate. Quant à ces choses, ils ne bougeront pas, fût-ce d'un cil. As-tu bien compris?

Somehow or other they have looped an almost invisible cord round your feet. To be more precise let us say that the whole huge machine whose functioning they control and reproduce did it for them. And now, without really saying out loud, they reproach you, like that, across the mesh of words, for no longer being able to walk so well. They invite you to their table. Between two self-indulgent treats they chatter away, saying that abundance doesn't really have that much importance, after all. You are ashamed of your pain and effort. So you eat sparingly and very elegantly. A real monkey. And yet they will never make you take the Oh so brief obscurity of the trap for the immensity of night. But that cannot be transmitted. Or only with difficulty. It's a delicate question. As for those things they won't move, not even the flutter of an eyelash. Have you quite understood?

Terre si verte
ce matin

À peine
sortie du gouffre

Essaye
de ne pas te retourner

*

Le jour

La nuit

La peur

Le silence et la pluie

La grande chose
bouge un peu

*

Tu pars

Encore

Juste
pour revenir

Tout naît
dans la même maison

*

Earth
so green this morming

Hardly
emerged from the abyss

Try
not to turn back

*

Daylight

Night

Fear

Silence and rain

The whole thing
shifts a little

*

You leave

Again

Only
to return

All is born
in the same house

*

Là-haut
la nuit

Ici
l'obscur

Le trouble
s'entête

*

C'est elle?

Non

Juste des voix

Des rires

Le passé
est encore devant

*

Essaim blanc
de l'attente

Une braise

Acte claque

L'amour ou l'odieux

Tout prend feu

*

Up above
night

Here
darkness

Disquiet
grows stubborn

*

Is it her?

No

Just voices

Laughter

The past
is still before

*

White swarm
of waiting

An ember

Act slap

Love or horror

All catches fire

*

Ils trébuchent

Se trompent

Pourtant
leur bouche voit

Le monde
est derrière la pluie

*

Descente

ou montée

ou les deux

Encore
une année
qui passe

They stumble

Are deceived

Yet
their mouths see

The world
is behind the rain

*

Going down

or going up

or both

Yet another
year
passing

GÉRARD MACÉ

Leçon de chinois
(fata morgana 1981)

À la mémoire (incertaine)
de Maurice Roy

«Car les langues, n'est-ce pas, sont faites pour être admirées, contemplées, beaucoup plus que pour être comprises.»

C.A. CINGRIA,
Florides helvètes

C'est la face entière, et non seulement la bouche, qui apprend à prononcer les sons, dont la vibration cesse aussitôt, percutés presque tous entre le palais et les dents – contre l'os et l'ivoire.

Derrière ce masque, c'est la *voix* qu'il faudrait imiter, au lieu d'un «accent». Et le visage d'un autre qu'il faudrait apprivoiser.

*

Premières pages d'écriture. Pour que la main apprenne à reconnaître les caractères.
Car c'est elle qui commandera au cerveau.

Défi à l'homme gauche, à l'Européen manchot.

*

J'apprends à tracer des signes et à prononcer, comme un enfant qui pressent le vieillard en lui, et se souvient du nourrisson.
Apprendre le chinois, c'est rééduquer une main morte, en paralysie depuis toujours à l'orient de soi-même.
Mais pour réveiller quoi, dans un coin perdu de quel hémisphère?

Méandres d'un «peu profond ruisseau».

*

GÉRARD MACÉ was born in 1946. In addition to writing, he teaches French literature. His work tends to break down the barriers between poetry and the essay. This play between and within genres is essential to Macé's writing. It derives from a questioning of the notion of language in its broadest sense. He is equally interested in the seductive musicality of words and in the remembered gestures which traced the hieroglyphs of Egypt and the calligraphic writing of the Far East. He slips between words like a marvelling child constantly hoping that one day the world might be read like an open book.

Chinese lesson

(translated by David Kelley)

To the (fleeting) memory
of Maurice Roy

'For isn't it true, languages are made to be admired and contemplated, rather than understood.'

C.A. CINGRIA,
Florides helvètes

It is the whole head, and not only the mouth which learns to pronounce the sounds, whose vibration is immediately cut short, since they are almost all struck between the palate and the teeth – against bone and ivory.

Behind this mask it is the *voice* which should be imitated, and not an "accent". And the head of another tamed.

*

First pages of writing. For the hand to learn to recognise the characters.

For the hand it is that will command the brain

Challenge to the cack-handed man, to the one-armed European.

*

I learn to trace signs and to pronounce, like a child with a foreboding of the old man within him, who still remembers the nursling.

Learning Chinese is relearning the use of a dead hand, forever paralysed as to its own orientation.

But to re-awaken what, in some lost corner of which hemisphere?

Meanderings of a "stream of little depth".

*

Quatre tons, plus un ton léger: chacune des quatre cents syllabes est une corde pincée sur cette gamme rudimentaire.

Un peu plus haut, un peu plus bas, le cri d'amour est changé en injure, et le chanvre en cheval.

Les mots montent et descendent sur la courte échelle des significations.

*

Il faudrait apprendre aussi l'intonation qui veut tout dire: ironie, périphrases, fausses questions et sous-entendus… La colère et ses discours, l'allitération et ses ruses.

Ici la corde et l'archet, là-bas la cloche et le gong.

*

Toute langue est pauvre au commencement, même le chinois. De là vient la saveur de la première leçon: quatre mille ans de «réel réalisé», mais aucune mémoire personnelle.

À quand les souvenirs de ce moi étranger?

*

Les mots qui désignent les nombres: cent, mille et un million ici; băi (cent), qiān (mille), et wàn (dix mille) en Chine.

Pour nous les zéros se comptent par trois, pour les Chinois par quatre. Passer d'une langue à l'autre implique donc une opération de change – qui est aussi une conversion mentale, car il s'agit du «change» de l'espace et du temps.

Entre ciel et terre, c'est-à-dire entre le cercle et le chiffre neuf, la quadrature et le carré.

*

Tout est quantifiable en Chine: poids, mesures, mérites et démérites.

Mais aussi les signes: mille, deux mille, six mille, et le savoir est mesuré comme le reste.

Four tones, plus a lighter tone: each one of the four hundred syllables is a string plucked on this rudimentary scale.

A fraction higher, a fraction lower, the moan of love becomes abuse, and hemp a horse.

Words rise and fall along the narrow scale of meanings.

*

Also to be learned would be intonation, the key to meaning: irony, periphrasis, rhetorical questions and double-entendres... Anger and its various discourses, alliteration and its tricks.

Here the string and the bow, there the bell and the gong.

*

All languages are poor in the beginning, even Chinese. Whence the savour of the first lesson: four thousand years of "realised reality", without any personal memory.

When shall I discover the memories of this foreign self?

*

Words designating numbers: a hundred, a thousand and a million here; bǎi (a hundred), qiān (a thousand), and wàn (ten thousand) in China.

We count zeros in threes, the Chinese in fours. So that going from one language to another implies an exchange transaction – which is also a conversion of the mind, for what is involved is an "exchange" of space and time.

Between sky and earth, that is to say between the circle and the figure nine, the squaring and the square.

*

Everything is quantifiable in China: weights, measures, merits and demerits.

But also signs: one thousand, two thousand, six thousand, and knowledge is measured like everything else.

Pour devenir lettré, savant, poète ou moine, il suffirait donc d'ouvrir le dictionnaire.

Oui, mais à condition d'avoir aussi la connaissance du vide, à l'origine et au cœur de tout. Comme les ancêtres parmi nous, et les démons partout présents.

La Chine est familière des grands nombres. Mais l'immensité mesurable n'est pas encore l'infini. D'où une hiérarchie très précise, et une divinité partout sans nom.

*

3e jour du 3e mois: fête du printemps. 5e jour du 5e mois: fête de la 5e lune. 7e jour du 7e mois: fête de la femme. 15e jour du 8e mois: fête de la mi-automne. 9e jour du 9e mois: fête du double neuf.[1] Les fêtes font partie de cet empire du nombre.

Le dictionnaire aussi, dans son principe de classement: d'abord les caractères formés d'un seul trait, puis de deux, puis de trois, puis de quatre...

De même autour de la table, où l'on place d'abord la personne dont le nom de famille est composé d'un seul trait, et ainsi de suite, du plus simple au plus compliqué.

Du langage à la table, cosmogonie partout: à partir du moindre élément, on engendre un univers. Comme en peinture, où il suffit d'un unique trait pour séparer le ciel et la terre.

*

Le boulier dispense les Chinois d'écrire pour effectuer les quatre opérations.

Dans un espace asymétrique et restreint (un cadre de bois très ordinaire) des formules dont la valeur est muette glissent sous les doigts d'un maître trop humain, comme les points cardinaux d'un univers encore en mouvement, avant de se loger dans l'endroit prévu où ils serviront de mémoire.

Ainsi, l'écriture en Chine fut au cours des siècles d'un usage réservé. Étendre aujourd'hui cet usage en le simplifiant, c'est peut-être asservir tout un peuple à des règles vulgaires, et c'est donner naissance à une langue morte.

*

To become a member of the civil service, a scholar, a poet or a monk, it would thus be enough just to open the dictionary.

Yes, but only with a knowledge of the void, at the beginning and the heart of everything. Like the ancestors amongst us, and the demons everywhere present.

China is familiar with large numbers. But measurable immensity is not infinity. Which leads to a very precise hierarchy, and a divinity everywhere unnamed.

*

3rd day of the 3rd month: festival of Spring. 5th day of the 5th month: festival of the fifth moon. 7th day of the 7th month: festival of woman. 15th day of the 8th month: festival of mid-Autumn. 9th day of the 9th month: festival of the double nine.[1] Festivals are an essential part of this empire of number.

The dictionary too, in its system of classification: first come the characters formed with a single brush-stroke, and then those with two, three, four brush-strokes…

Similarly around the table, where the person whose surname is made up of a single brush-stroke is placed first, and so on, from the simplest to the most complicated.

From language to places at table, cosmogony is everywhere: from the meanest element a whole universe is engendered. As, in painting, a single brush-stroke suffices to split sky and earth.

*

The abacus frees the Chinese of the need to write in order to carry out the four operations.

In a bounded asymmetric space (a quite ordinary wooden frame), formulae of silent values slide under the fingers of a master who is only too human, like the cardinal points of a universe which is still in movement, before coming to rest in the appointed place where they will serve as memory.

Thus, in China, writing was throughout the centuries of restricted usage. To extend that usage today by simplification is perhaps to put an entire people under the yoke of vulgar rules, and give birth to a dead language.

*

Nous avons volé le feu au ciel, les Chinois lui ont volé les signes; mais on s'est partout servi du feu pour brûler les livres.

Le premier empereur (T'sin che-houang ti) qui plaça son règne sous les signes de l'eau, de la couleur noire, du chiffre six, du yin et de l'hiver, de l'ombre et de l'ubac,[2] fit fermer la grande muraille pour mieux se protéger des barbares – et c'est le même qui ordonna de brûler tous les livres afin de réduire au silence les lettrés.

La première stèle, élevée pour avoir force de loi, est un instrument de torture et de mort. Elle est encore dans nos mémoires (comme la marque au fer rouge sur le corps des lettrés qui voulurent conserver leurs livres) pour nous rappeler que le pur souci de la grammaire ne préserve pas des sacrifices et que le langage pris à la lettre attise la haine des tyrans. Qu'en tous les siècles et de toutes les manières il fallut payer de sa personne pour défendre les mots.

*

Pressé de questions, comme le voyageur à son retour: alors vous apprenez le chinois? Comment? Et surtout, pourquoi?

Or, le chinois vous prend parce qu'un but quelconque (un progrès encore plus) est hors de question.

Un apologue tout de même: aujourd'hui qu'il n'y a plus d'ailleurs (sinon dans une forêt fraîchement abattue, ou un livre déniché par hasard), Marco Polo ne quitterait pas Venise, il apprendrait des langues. Ou travaillerait à les oublier toutes, mais dans une chambre convenablement orientée, aussi difficile à trouver aujourd'hui que le Pays des Licornes jadis.

*

Un Chinois reconnaît un étranger à son écriture aussi: à ce tracé grêle et tremblant, qui ne crée aucune présence, ni aucun vide.

Traits sans épaisseur et sans mémoire, sans haine et sans ciel.

*

Méprisant les désinences et les parlers divers, mais liés à l'espace de l'empire, les caractères chinois, dans le carré qu'ils occupent, retracent les fleuves et les défilés du Milieu, le feu du ciel et les labours de la terre.

We stole fire from the heavens, the Chinese stole signs from the heavens; but everywhere fire has been used to burn books.

The first Emperor (Qin shihuangdi) who situated his reign under the signs of water, the colour black, the figure six, ying and winter, shadow and the dark side of the mountain,[2] closed up the Great Wall to protect himself from the Barbarians – the same Emperor ordered that all books should be burned to silence the learned.

The first stele, raised to exercise the rule of law, is an instrument of torture and of death. It remains in our memories (like the brand on the body of the learned who wanted to keep their books) to remind us that a pure concern for grammar does not save us from sacrifice, and that language taken literally fans the flame of tyrants' hatred. That in every century and every way words could only be defended by personal suffering.

*

Pressured by questions, like the returning traveller: so, you're learning Chinese? How? And above all, why?

And yet, Chinese takes hold of you because any goal (even more, any progress) is out of the question.

Nevertheless, an apologue: these days, now that elsewhere no longer exists (except in a freshly felled forest or a book discovered by chance), Marco Polo would not leave Venice; he would learn languages. Or work to forget them all, but in a suitably orientated room, as difficult to find these days as, in the past, was the Land of Unicorns.

*

A Chinese identifies a foreigner by his writing as well: by its thin tremorous stroke creating neither presence nor void.

Brush-strokes without breadth and without memory, without hatred and without heavens.

*

Scorning inflexions and different modes of speech, but linked to the space of the empire, Chinese characters, within the square they occupy, retrace the rivers and the gorges of the Middle Kingdom, the fire of the heavens and the workings of the earth.

Ils nous proposent un rôle avant même d'être disposés en recettes ou sentences, et font danser devant nos yeux l'illusion d'une langue naturelle.

*

La plupart des idéogrammes, tributaires d'une convention qu'ils brisent, amorcent un récit en nous invitant à lire leur histoire.

Où se retrouvent les veines du dragon et le carré de la terre, l'esclavage de la femme et le cadavre de l'homme.

*

L'eau et le cœur, l'arbre et le feu, la porte et le toit…Agrippée au ciel où elle imprime un sens, l'écriture chinoise est une liane enroulée autour du vide, une tresse autour de la pensée.

L'homme toujours debout, la femme toujours assise: le poignet libre pour l'un, les pieds bandés pour l'autre.

*

Nuages enroulés. Chanvre effiloché. Fagot emmêlé. Corde détortillée. Et face de diable, crâne de squelette ou grains de sésame, or et jade ou cavité ronde:[3] ce sont les noms des rides et reliefs qu'impriment au paysage les traits d'un pinceau plus ou moins sec.

Pauvres pleins et pauvres déliés, d'une écriture que nous continuons malgré tout de flatter.

*

Un calligraphe digne de ce nom se donne amoureusement à son art. Élan ou retenue, effleurement ou pression: l'écriture est une caresse, un toucher sensuel.

Écriture heureuse que le poète occidental entrevoit (dans le plaisir, parfois, de recopier sans rature, ou comme Goethe écrivant de son doigt sur le dos de sa maîtresse…), mais presque toujours désespère d'atteindre: ce pourquoi sa main si souvent s'affole, se raidit ou se crispe.

*

They propose to us a role even before they have been disposed in receipts or sentences, and make dance before our eyes the illusion of a natural language.

*

Most of the ideograms, owing tribute to a convention which they shatter, set up a narrative by inviting us to read their story.

In which are to be rediscovered the veins of the dragon and the square of the earth, the slavery of woman and the carcase of man.

*

Water and heart, tree and fire, door and roof... Clutching at the heavens on which it imprints a meaning, Chinese writing is a creeper wound around the void, a braid plaited around thought.

Man always standing, woman always sitting: wrist free for one, feet bound for the other.

*

Spiralling clouds. Frayed hemp. Entangled twigs. Disentangled rope. And devil's face, skeleton's skull or sesame seeds, gold and jade or round cavity:[3] these are the names of the furrows and spines imprinted on the landscape by strokes of a brush according to its dryness.

Impoverished downstrokes and upstrokes, of a writing we still caress and value, in spite of all.

*

A calligrapher worthy of the name gives himself to his art with love. Rashness or reserve, teasing or pressing, writing is a caress, a sensuous touch.

A favoured form of writing which the Western poet glimpses (in the, occasional, pleasure of copying out without crossing out, or like Goethe, writing with his finger on the back of his mistress...), but almost always despairs of attaining: and that is why his hand so often panics, stiffens or contracts.

*

Le célèbre calligraphe Zheng Xie, raconte François Cheng, échoua jusqu'à l'âge de quarante ans à tous les examens de lettré auxquels il se présenta. Non par manque de connaissances (seule raison d'échec en Occident), mais à cause de sa mauvaise calligraphie: l'épreuve la plus importante lui était fatale à chaque fois.

Il se mit donc à imiter les modèles, en calligraphiant à toute heure du jour, en toutes circonstances. Et même la nuit: une fois qu'il traçait ainsi des caractères, avec le bout du doigt, sur le ventre de sa femme enceinte, celle-ci s'écria furieuse: «À chacun son corps».

Et comme le caractère qui désigne le corps est aussi, en chnois, le caractère qui désigne le style, la remarque de sa femme fut un éclair dans l'esprit de Zheng Xie: il sut à partir de ce moment qu'au lieu d'imiter, il devait en lui seul apprendre le recueillement, éprouver le geste, créer la tension nécessaire. Pour devenir le calligraphe le plus grand de son siècle.

*

Une tournure de la langue natale (involontaire comme une position du corps dans le sommeil), un mot à mot traduit viennent souvent s'insérer dans une phrase étrangère: la «faute» est ici proche du lapsus.

L'objet premier du désir, par un accroc ou une échancrure dans la langue apprise, vient rappeler ses droits, et fait tenir à l'autre un propos décousu.

Sous l'habit d'emprunt, un dessous dépasse: la doublure sous le manteau chinois, et j'entends des rires dans mon dos.

*

L'imaginaire a son idiome à lui, qu'il impose à la moindre erreur; mais si j'apprends une langue aussi étrangère, n'est-ce pas pour le laisser parler?

*

Pourquoi les liens de parenté dans une autre langue sont-ils si malaisés à retenir, si souvent mélangés et confondus, nécessitant si je veux m'en souvenir un effort de clarté – mais avant tout dans ma propre langue et ma mémoire?

The celebrated calligrapher Zheng Xie, so François Cheng tells us, failed up to the age of forty all the State Examinations that he took. Not for lack of knowledge (the only reason for failure in the West), but for his lack of skill in calligraphy: this test, the most important, was each time his stumbling block.

So he took to imitating models, practising calligraphy at all hours of the day and in all situations. Even at night: once, when he was forming characters, with the tip of his finger, on the belly of his pregnant wife, she cried out in fury: 'To each her own body'.

And as, in Chinese, the character which designates the body is also the character which designates style, his wife's remark was like a lightning flash in the brain of Zheng Xie: from this moment on he knew that it was only within himself that he could learn the right composure, test the gesture, create the necessary tension. To become the greatest calligrapher of his century.

*

A turn of phrase from the native language (involuntary like the position of the body in sleep), a word for word translation, often slips into a foreign phrase: the "mistake" is here very close to the lapsus linguae.

The primary object of desire, by a snag or slash in the learned language, comes to reclaim its rights, and splits the seams of the other's speech.

Under the borrowed garment the slip is showing: the lining under the Chinese mantle, and I hear laughter behind my back.

*

The imaginary has its own idiom, which it imposes on the slightest slip; but if I learn a language as foreign as this one, is it not in order to let it speak?

*

Why, in a foreign language, are family relationships so difficult to retain, so often muddled and confused, requiring, if I wish to remember them, an effort of clarity – but above all in my own language and my memory.

Comme si je retrouvais là ce qui fut d'abord si nébuleux en français – facile à prononcer ou savoir, mais si difficile à admettre vraiment.

Quand je trébuche en chinois, je recompose une parenté, je refais une généalogie; or, les termes chinois sont d'une infinie précision (distinguant le côté paternel et le côté maternel, les cadets et les aînés, etc.) et la famille est toujours innombrable, étagée dans l'espace et le temps.

(Ce sont les parents du côté maternel qui sont affublés du caractère désignant l'étranger: le père est d'ici, la mère vient d'ailleurs. J'aurais pourtant juré le contraire.)

*

Dans le caractère qui désigne la médecine générale, on retrouve la clé qui signifie le «dedans»; et dans celui qui désigne la chirurgie, la clé du «dehors». D'une langue à l'autre, l'anatomie est donc la proie d'un imaginaire qui dépend de chaque écriture ou de chaque idiome (ainsi, la mort est bien «masculine» en allemand).

Mais dehors ou dedans, je sens trop se racornir en moi la vieillesse et l'avarice – les cailloux du scrupule au lieu d'un «cœur limpide et fin».

*

Je rêve d'une langue (et je crois la parler quelquefois, à l'orée du sommeil ou au bord de l'insomnie) où le moindre signe, dans ses vides et ses pleins, dans le déchirement de l'air à le prononcer, nous dirait les méandres de son apparition et la lente approche de sa mort; une langue où tout roman serait comme nié d'avance, car il réclamerait pour être lu ou pour être écrit un peu plus d'une vie humaine.

Le chinois lui-même a failli à cette tâche.

Le japonais parfois, comme un art d'emprunt porté à son comble, et sur la corde unique d'un vieil instrument, réussit à ne faire plus jouer, dans de brefs récits, que la neige, une lettre, un lacet ou quelque fétiche nommé d'un mot.

Mais la poésie seule, vraiment inouïe, redevient «chinoise» comme je l'entends.

*

As though that were where I discovered what was first of all so nebulous in French – easy to pronounce or to know, but so difficult really to admit.

When I stumble in Chinese, I recompose a system of relationships, recreate a genealogy; but, the Chinese terms are of an infinite precision (distinguishing the paternal side from the maternal side, the younger branch and the older branch, and so on), and the family is always innumerable, layered in space and in time.

(It is the relations on the maternal side who are decked out with the character designating the foreigner: the father is from here, the mother comes from elsewhere. And yet I would have sworn the opposite.)

*

In the character which designates the general practice of medicine is to be found the radical which signifies 'within'; and in that which designates surgery, the radical for 'without'. From one language to another, anatomy is thus a prey to an imaginary which depends on the specific writing or the specific idiom (thus, death, ["feminine" in French, and "neuter" in English] is well and truly "masculine" in German).

But, within or without, I feel too acutely in myself the hardening of age and avarice – the stones of scruples in place of a 'limpid and delicate heart'.

*

I dream of a language (and sometimes, on the edge of sleep or the borders of insomnia, I think I speak it), in which the least of signs, in its solid and hollow parts, in the rending of air to pronounce it, might speak to us of the meanderings of its appearance and the slow approach of its death; a language in which it would be as though any novel were denied in advance, for it would require, to be read or to be written, something more than a human lifespan.

Even Chinese failed to meet this requirement.

Japanese, sometimes, like a borrowed art developed to its highest point, on the single string of an old instrument, manages to set in play, in brief narratives, no more than snow, a letter, a twist of twine, or some fetish named by a word.

But poetry alone, truly unheard, becomes once more "Chinese" as I understand it.

*

Vieil écolier, éternel apprenti (et trop réel fabulateur), je réinvente une enfance en apprenant le chinois.

Devant ces caractères d'abord illisibles, en écoutant ce babil dont je ne parviens qu'avec peine à isoler les sonorités, revit l'enfant sous la table qui tâchait de trouver un peu de sens à la conversation des adultes, lointaine et perdue comme un continent à la dérive...

La fascination devant la langue la plus étrangère est parente encore du premier éblouissement devant le poème: offert et chiffré, lui aussi.

*

Je peux lire un caractère sans savoir le prononcer, je peux le prononcer sans savoir l'écrire.

Son et sens éloignés, miroirs sans reflets, comme le français que j'appris à l'école, séparé des miens et livré à un autre que moi-même (on lisait et on écrivait si peu, autour de moi, que le français m'est à jamais une *langue* apprise – sans rien à voir avec les mots écorchés, le patois pudique des femmes qui m'aimaient).

*

Le bavard qui dans ses rêves ne parle plus que par proverbes, voit au matin la vérité s'enfuir, et lui manquer comme un mot sur le bout de la langue.

Ainsi, en chinois, c'est répondre par oui ou par non qui laisse interdit. Dans la tournure qu'on va choisir tient toute la réponse, orientée déjà par la question de l'autre.

Cette hésitation devant l'évidence, et le mot qui se dérobe alors qu'il est déjà inscrit en nous, on ne l'éprouve jamais que *poétiquement* dans sa langue natale. Car tout poème, «traduit d'un chinois qui ne fut pas»,[4] est une navigation entre les «oui» et les «non» qu'on cherche à éviter: Ulysse finit ainsi par faire des phrases...

*

D'un rêve ancien, à Rome, me reste le souvenir d'un village à la frontière «italo-chinoise»: une cité lacustre à l'est de Venise.

Langues natales et prêtes à vous venger au moindre oubli, vous

Old schoolboy, perpetual apprentice (and only too real fabricator of fables), I re-invent a childhood by learning Chinese.

Before these initially illegible characters, listening to this babbling whose sonorities I can only distinguish with difficulty, there comes to life again the child under the table, attempting to discover some meaning in the conversation of the grown-ups, lost and distant as a drifting continent...

Fascination in face of the most foreign language also remains related to amazement in face of the poem: offered and coded as well.

*

I can read a character without knowing how to pronounce it, I can pronounce it without knowing how to write it.

Sound and sense distanced one from the other, mirrors without reflections, like the French that I learned at school, cut off from those around me and delivered up to someone other than myself (reading and writing were so rarely practised at home that French will always be for me a *learned* language – having nothing to do with the flayed words, the modest dialect of the women who loved me).

*

The prater who in his dreams no longer speaks but by proverbs, in the morning sees truth flee, and feels its loss like a word on the tip of the tongue.

Similarly, in Chinese, giving a yes or no answer creates confusion. The entire reply is contained in the turn of phrase chosen, and is already orientated by the other's question.

This hesitation in face of what is evident, and the word which hides when it is already inscribed within us, are felt only *poetically* in one's native language. For every poem, 'translated from a Chinese which never was',[4] is a perpetual voyage between the 'yesses' and the 'nos' that you are trying to avoid: thus Ulysses finished by making flowery speeches...

*

From an old dream, in Rome, I retain the memory of a village on the "Sino-Italian" frontier: a lake-village to the east of Venice.

Native languages, ready to take your revenge for the least slip of

savez des frontières ignorées des géographes: entre Lubéron et Tibet, Bretagne et Si-Chuan.

Quant à moi, je sais des femmes en noir dans les rizières de Padoue, un sosie qui s'éloigne et une femme sans nom dans un jardin botanique, où l'on essaie de *naturaliser* des paroles étrangères.

*

La disposition des caractères sur la page, l'ordre des mots dans la phrase: du français au chinois, tout est presque toujours inversé.

Écriture en miroir, et parole prise à revers: la bibliothèque tourne sur ses gonds, et je retrouve dans mon dos le jumeau qui me dévisageait.

*

Segalen face aux stèles, Mallarmé perdu dans les fumées de sa conversation, Armand Robin goûtant l'opium d'une parole enfin vraie, ont-ils gagné là-bas le paradis des signes?

*

La pierre et l'os, le bambou et la soie, le papier enfin: sur un support de plus en plus fragile, avec des signes maintenant simplifiés, c'est une langue qui s'amenuise, un tracé qui se perd.

Autrement dit l'ailleurs introuvable.

*

Le chinois parlé à Paris en poursuivant un rêve, devient vite aussi imprononçable qu'une langue morte. Morte de l'éloignement dans l'espace, comme d'autres du recul dans l'histoire.

Le chinois que j'apprends échappe non seulement à toute valeur d'usage, à toute volonté d'échange, mais encore à tout désir de savoir.

J'écoute la conversation sans bruit des signes entre eux.

*

memory, you know the frontiers unknown to geographers: between Lubéron and Tibet, Brittany and Szechuan.

And I know women in black in the paddy-fields of Padua, a double taking his distance and a nameless woman in a botanical garden where they are trying to *naturalise* foreign words.

*

The disposition of the characters on the page, the order of the words in a sentence: from French into Chinese everything is almost always inverted.

Mirror writing and words taken in reverse: the library turns on its hinges, and I find behind my back the twin who was staring me in the face.

*

Segalen confronted by the steles, Mallarmé lost in the fumes of his conversation, Armand Robin savouring the opium of a word at last found true, did they discover over there the paradise of signs?

*

Stone and bone, bamboo and silk, finally paper: on a more and more fragile base, with signs which have now been simplified, it is a language growing thinner, a tracing in the process of being lost.

In other words the undiscoverable elsewhere.

*

Chinese spoken in Paris in pursuit of a dream rapidly becomes as unpronounceable as a dead language. Dead by its distance in space as others are dead by their distance in time.

The Chinese I am learning not only escapes all use value, any will for an exchange value, but also any desire for knowledge.

I listen to the noiseless conversation the signs hold between themselves.

*

C'est en français que j'apprends le chinois.

Considérées à partir d'une autre langue, les figures entre la vitre et le tain ne seraient pas les mêmes. Les animaux du miroir non plus: grenouille et bœuf, coq et serpent, dragon et licorne…

*

Qu'on ne me jette pas la pierre si je renonce – si je renonce à me perdre dans ces signes millénaires et cependant mortels, comme tel peintre chinois se perdant dans la brume, ou dans le chaos qu'il a fait naître de son encre.

*

It's in French that I learn Chinese.

Looked at from another language, the figures between the glass and the silvering would not be the same. Nor the animals in the mirror: frog and ox, cock and snake, dragon and unicorn...

*

Let no one throw the first stone if I give up – if I give up losing myself in these millenary yet mortal signs, like a Chinese painter losing himself in the mist, or in the chaos born of his brush.

Apprendre une langue, c'est avoir du goût pour l'erreur, comme d'autres pour les aléas du voyage; croire qu'on «avance» alors qu'on est ramené en arrière le plus souvent. Ainsi, en chinois, les signes d'un jardin sec n'étaient que le bois mort d'une enfance. D'où je suis revenu par le sentier qu'il a fallu jadis frayer en français.

Le chinois que je continue d'ignorer s'inscrit pourtant comme un pli dans ma mémoire – derrière la transparence d'un papier huilé qui donne sa lumière blanche à l'oubli.

Dans les *Récits d'une vie fugitive*,[5] l'épouse du narrateur est vouée à un caractère fautif, le caractère *po* (dérivé de «bai», qui signifie le blanc) qu'elle retrouve dans le nom de son poète préféré, celui de son premier maître, celui de son mari, et qu'elle craint à l'avenir de recopier en toute occasion.

C'est en français qu'il me faut recopier sans fin ce caractère fautif, en devinant quelquefois sa signification. Car le français, sauf orgueil ou folie, est bien notre lot: de hasard et d'oubli, de leurres et d'éblouissements.

Que ferions-nous d'une langue «sans substantif, sans adjectif, sans pronom, sans verbe, sans adverbe, sans singulier, sans pluriel, sans masculin, sans féminin, sans neutre, sans conjugaison, sans sujet, sans complément, sans proposition principale, sans subordonnée, sans ponctuation»,[6] ce chinois parlé nulle part que nous décrit Armand Robin, idiome inconnu qui ne s'entend que dans la bouche des morts, et qui ressemble peut-être au breton de son enfance, quand il s'imagine retrouver père et mère après minuit?

(Mon père au nom de hasard, mon père empêtré dans sa parole ne parlait même pas breton: le vent n'entrait pas dans les écoles en pays gallo, le sabot porté au cou n'a jamais résonné aussi loin. Je n'ai donc pas connu cette langue pourtant natale, où s'entend partout le *z*, la lettre de la mort selon les latins qui la déportèrent à la fin de leur alphabet.[7]

Langue aux initiales changeantes, dont il nous reste aujourd'hui des noms propres lavés par la mer, des pierres levées qu'une marée basse a laissées derrière elle, bretonnante et retirée.)

Le temps est enfin venu de me confier à une seule langue, celle des contes de nourrices et des messes basses dont bourdonne mon oreille. Un français hanté par l'allitération et la rime des barbares, et qui se laisse aller à l'assonance. Un «fredon» qui nous revient de loin (à défaut d'une langue morte dont j'ai dû faire aussi mon deuil)

To learn a language is to have a taste for error, as others have a taste for the byways of travel; to think that you are "making progress", whereas, more often than not you are going backwards. Thus, in Chinese, the signs for a dry garden were no more than the dead wood of a childhood. Whereby I came back by the trail that in the past I once had to blaze in French.

Chinese, which I continue not to know, is nevertheless inscribed like a fold in my memory – behind the transparency of an oiled paper which gives its white light to oblivion.

In the *Récits d'une vie fugitive*,[5] the wife of the narrator is consecrated to a defective character, the character *po* (a derivative of 'bai', which signifies white), which she keeps finding, in the name of her favourite poet, that of her first master, that of her husband, and which she is afraid that she will have to copy for ever after.

It is in French that I have continually to copy this defective character, sometimes guessing its meaning. For, short of pride or folly, French is well and truly our lot: filled with chance and forgetfulness, traps and amazements.

What would we do with a language with 'no substantive, no adjective, no pronoun, no verb, no adverb, no singular, no plural, no masculine, no feminine, no neuter, no object, no main clause, no subordinate clause, no punctuation,'[6] the Chinese which is nowhere spoken described by Armand Robin, that unknown idiom heard only in the mouths of the dead, perhaps something like the Breton of his childhood, when he imagines going to find his mother and father after midnight?

(My father, with his chance name, my father, tied up in his speech, did not even speak Breton: fresh air never entered the schoolroom in the land of the Gauls, the clog worn round the neck never had such distant resonance. So I did not know that tongue which was after all my mother tongue, that language where you hear everywhere the *z*, the letter of death according to the Latins, who deported it to the end of their alphabet.[7]

Tongue of changing initials, of which today there remain for us proper names washed by the sea, stones thrown up, to be left behind by the outgoing tide, which murmurs in Breton and is withdrawn.)

The time has finally come for me to trust in a single language, that of the wet-nurse's tales and the Low Masses that murmur in my ear. A French which is haunted by the alliteration and rhyme

et qui cherche à couvrir le bruit fêlé des origines. Une écriture où se déchiffre encore, sous les remords et les hésitations du copiste, un signe recopié de travers : une faute d'orthographe ancienne, une erreur d'état civil, bref tout ce qui vient rappeler le mensonge des souvenirs, la honte d'un enfant, mille débuts de romans et la mémoire des noms qu'on craint de perdre malgré tout.

Si la poésie veut bien de moi, je retourne à la page blanche et au «parlar materno», comme à un ruisseau clair-obscur où viennent encore boire quelques animaux malades de la parole. Et mon frère de lait le lecteur.

NOTES

1. Georgette Jaeger, *Les Lettrés chinois*, La Baconnière, 1978.
2. D. et V. Elisseef, *La Civilisation de la Chine classique,* Arthaud, 1979, pp. 139-140.
3. François Cheng, *Vide et plein*, Le Seuil, Paris, 1979, p.89.
4. Victor Segalen, *René Leys*, Gallimard, 1971, p.162.
5. Chen Fou, *Récits d'une vie fugitive*, UNESCO, 1967, & Gallimard, 1977, p.31.
6. *Besoins de Chine*, in «Armand Robin multiple et un», revue *Plein Chant*, automne 1979, p.47.
7. Cf. *Un lipogramme d'Appius Claudius*, de Pascal Quignard (*Argile*, XVIII, hiver 78-79), et le début de *Z. Marcas* de Balzac.

of the Barbarians, and lets itself go with assonance. A "humming" which comes to us from afar (in the absence of a dead language which I have also had to mourn) and tries to cover the cracked note of its origins. A writing in which can still be deciphered, beneath the remorse and hesitations of the copyist a sign badly recopied: some ancient fault in spelling, a mistake in the register of births and deaths, in short everything that brings back to mind the infidelity of memories, the shame of a child, a thousand beginnings of novels and the recall of names one fears in spite of all to lose.

If poetry wants me, I turn to the white page and to the "parlar materno" as to a river dappled with light and shade to which a few animals stricken with the sickness of the word still come to drink. And my suckling-brother, the reader.

NOTES

1. Georgette Jaeger, *Les Lettrés chinois*, La Baconnière, 1978.
2. D. & V. Elisseef, *La Civilisation de la Chine classique*, Arthaud, 1979, pp. 139-140.
3. François Cheng, *Vide et plein*, Le Seuil, Paris, 1979, p.89.
4. Victor Segalen, *René Leys*, Gallimard, 1971, p.162.
5. Chen Fou, *Récits d'une vie fugitive*, UNESCO, 1967, & Gallimard, 1977, p.31.
6. *Besoins de Chine*, in 'Armand Robin multiple et un', revue *Plein Chant*, autumn 1979, p.47.
7. See *Un lipogramme d'Appius Claudius*, by Pascal Quignard (*Argile*, XVIII, winter 78-79), and the beginning of *Z. Marcas* by Balzac.

UN FRANÇAIS ORIENTÉ

La pluie sur le sol (la menue monnaie au creux de la main), la pluie goutte à goutte peut remplacer dans l'écriture un ou plusieurs zéros; et tout ce qui, de bric et de broc (échantillons, restes et chutes, reliefs d'un repas, vente au détail) est ici rassemblé selon les lois d'un désordre apparent.

La pièce de monnaie est ronde. Ni plus ni moins que la voûte céleste, le «parfait repos», le cœur du bois, l'auréole et la valse. Ni plus ni moins que l'interprétation d'un songe ou la voix d'accord avec elle même.

C'est sur un ton d'abord descendant, les yeux presque baissés, qu'il convient de prononcer le dernier quartier de la lune, les heures d'après minuit, la vie future, les chutes de neige, le cours inférieur d'une rivière, la servante et la femme répudiée, les parties génitales, le vice et le verbe pondre. L'écriture au fil de la plume et n'importe quel récit à suivre...

Ce qui n'est pas encore, ou ce qui n'est plus, marque de son absence (outre le dernier des soixante-quatre hexagrammes) le nom de la fiancée qui attend un mari comme celui de la veuve qui attend la mort. Et toute affaire en suspens, comme le futur ou la vie antérieure dont on attend le retour.

Ce qui tourne bien ou mal, dans le revirement de la fortune, la gravitation d'un astre ou le maniement du pinceau, peut être exprimé par un seul caractère. De même que la «loi» se retrouve dans la liturgie, les travaux forcés et les modèles d'écriture.

Dans une telle langue (que nous contribuons à inventer) la parole est aussi proverbe, et ne diffère en rien du cri des insectes ou du chant des oiseaux. Et si mon esprit borné ne comprend pas ce qu'est le «poisson du puits», c'est qu'il nage encore dans les eaux noires de l'ignorance.

Wei-ni-szu est le nom de Venise, semblable au son reflété par l'eau que prononça peut-être Marco Polo retour de Chine. Car les noms propres sont ainsi traduits par des à peu près phonétiques: une langue en vient donc à produire des sortes d'onomatopées, non pour imiter les bruits supposés de la nature, mais les bruits

AN ORIENTED FRENCH

Rain on the earth (small change in the palm of the hand), rain, drop by drop, can replace in writing one or more zeros; and everything which, higgledy-piggledy (samples, leavings, scraps and droppings of a meal, items sold piecemeal) is here assembled according to the laws of an apparent disorder.

The coin is round. Neither more nor less than the celestial vault, "perfect repose", the heartwood, the halo and the waltz. Neither more nor less than the interpretation of a dream or the voice in tune with itself.

It is on an initially descending tone, eyes almost lowered, that should be pronounced the last quarter of the moon, the hours after midnight, life after death, falls of snow, the lower reaches of a river, the servant and the rejected wife, the genital organs, vice and the verb to lay, as of an egg. A free-flowing pen and this or that story to be followed...

What is not yet, or what is no more, marks by its absence (beyond the last of the sixty-four hexagrams) the name of the fiancee awaiting a husband as well as that of the widow awaiting death. As well as all pieces of unfinished business, like the future or the past life whose return we await.

What turns for good or for ill, in the veerings of fortune, the gravitation of a star or the wielding of the brush, may all be expressed by a single character. Just as "law" is equally present in the liturgy, in hard labour and in calligraphy.

In a language such as this (a language which we play our part in inventing), word is also proverb, and is in no way different from the noise of insects or the song of birds. And if the limits of my understanding prevent me from understanding what might be the "fish from the well", it is because it is still swimming in the dark waters of ignorance.

Wei-ni-szu is the name of Venice, resembling the sound reflected by the waters that Marco Polo perhaps pronounced, returned from China. For thus are proper names translated by phonetic approximations: so that a language comes to produce a kind of onomatopoeic equivalent not in imitation of the supposed noises of nature, but

d'une autre langue. Or, ces sons réfléchis prennent des sens inattendus, puisqu'il faut bien les noter par une graphie qui voulait déjà dire quelque chose. (Le chinois lui-même est plein de ces rencontres hasardeuses entre le son et le sens – en grande partie à cause du petit nombre de ses syllabes. Ainsi, c'est par pur homophonie avec le caractère signifiant la faveur céleste que la chauve-souris est symbole de bonheur.)

Si l'idéogramme de «bibliothèque» commence par le caractère de la «rue», cette plante à fleurs jaunes qui nous vient du latin *ruta*, c'est qu'on mettait jadis ses feuilles fétides entre les pages des livres, pour en écarter les insectes. Et l'écriture cursive, dans le caractère qui la désigne, a partie liée avec l'herbe.

Des mots ne cessent de manquer en français: un verbe pour «perdre ses dents de lait», un nom pour le «premier anniversaire de naissance», un autre pour le «mari de la nourrice». Les relations de parenté, surtout, obligent en français à d'obscures définitions, pour nommer tout de même l'épouse du frère de la mère, les épouses de plusieurs frères, l'épouse du frère de la femme, la famille du fiancé, ou l'oncle paternel plus jeune que le père. Les termes pour désigner les parents proches sont presqu'aussi nombreux que les formules de politesse. Car la langue chinoise est pleine de vains propos et d'humbles avis, d'excuses et de pas en arrière.

Le cœur est intraduisible, à moins d'ajouter qu'il est «l'un des Cinq Viscères et leur Souverain, souvent considéré comme la demeure de l'esprit et le siège de la pensée, correspondant dans certains systèmes des Cinq Viscères au Centre et à la Terre, dans d'autres au Sud et au Feu». Mais est-ce vraiment plus clair?

Cinq: les vertus, les souillures, les saveurs, les désirs, les Livres Classiques, les organes des sens et les points cardinaux (il faut compter le cœur et le milieu), les notes de la gamme, les tons de la parole, les océans, les couleurs, les métaux, les animaux domestiques, les animaux venimeux, les vies successives et les générations sous le même toit.

*

of the noises of another language. Yet these reflected sounds take on unexpected meanings, since they have to be given notation in a system of signs already endowed with meanings. (Chinese itself is full of such chance encounters between sound and sense – largely because it possesses so few syllables. Thus it is by pure homophonic affinity with the character signifying celestial favour that the bat is a symbol of happiness.)

If the ideogram for 'library' begins with the character for 'rue', that yellow-flowered plant which comes down to us from the Latin *ruta*, it is because, in the past, its fetid leaves were interleaved in books to protect them from insects. And cursive writing, in the character which designates it, is intimately related to the weed.

In French, words are always wanting: a verb for 'losing milk-teeth', a noun for the 'first anniversary of the day of birth', another noun for the 'wet-nurse's husband'. Kinship particularly forces us in French to obscure definitions in order nevertheless to give a name to the spouse of the mother's brother, the spouses of several brothers, the spouse of the wife's brother, the fiancé's family or the paternal uncle younger than the father. The terms for close relations are almost as numerous as the expressions of politeness. For the Chinese language is filled with empty phrases and humble opinions, with apologies and retreats.

The heart is untranslatable, unless to add that it is 'one of the Five Viscera and their Sovereign, often thought to be the dwelling place of the mind and the seat of thought, corresponding in certain systems of the Five Viscera to the Centre of the Earth, in others to the South and to Fire'. But does this really make things clearer?

Five: the virtues, the blemishes, the savours, the desires, the Classical Books, the organs of the senses and the cardinal points (the heart and the centre have to be included), the notes on the scale, the tones of speech, the oceans, the colours, the metals, the pet animals, the poisonous beasts, the successive lives, and the generations all under one roof.

*

Rien de ce qui précède n'est traduit du chinois; mais emprunté au Dictionnaire,[1] publié par l'Institut Ricci en 1976, dont l'emblème pourrait être ce caractère qui signifie «reproduire le caractère de l'original», et donc «atteindre à une ressemblance parfaite», mais aussi «être pris sur le vif»! Car l'intitulé du *Dictionnaire français de la langue chinoise*, outre qu'il rend hommage à des ouvrages plus anciens, a l'immense mérite de le distinguer des dictionnaires «bilingues» habituels qui, par leur trait d'union trompeur, donnent fâcheusement à penser que deux langues pourraient être l'une à l'autre un clair miroir (à peine embué quand on ouvre la bouche pour prononcer quelques paroles) ou que les mots, d'équivalence en équivalence, pourraient faire le tour de la terre et nous revenir tels qu'en eux-mêmes.

Ce gros millier de pages, avec ses six mille et trente et une «entrées», ouvre sur des cours intérieures, des appartements de concubines, des chambres plus ou moins basses, des échelles, des chausse-trapes, bref un dédale où semblent entassés, entre des noms de provinces, de rivières, de fleurs, les «dix mille ossements desséchés» nécessaires à la gloire d'un général; et les noms d'empereurs, de lettrés, de moines, de traducteurs, immortels et presque tous anonymes en français. Mais ce Dictionnaire ouvre aussi sur l'espace vacant entre deux langues, où règne un idiome intermédiaire: ce qui, du chinois, s'entend encore à pareille distance, la langue traduite étant à l'originale ce que l'écho est au bruit. Aussi peut-on dans les mêmes pages déchiffrer les caractères chinois (rêver à partir du seul trait qui semble engendrer tous les autres) et lire un français orienté qui s'apparente, en ses détours le long d'une muraille de signes, à la poésie elle-même – quand nous mettons le torrent dans les larmes, le flot dans les paroles, ou quand nous «traduisons» noir sur blanc ce qui s'entendait jusque-là au travers d'une cloison très mince. Le dernier caractère de ce Dictionnaire qu'on peut prendre pour une version revue et corrigée, sinon augmentée, des *Cent mille milliards de poèmes*, est d'ailleurs celui qui signifie à la fois rime et voyelle, comme s'il était là pour nous rappeler ce qui résonne en chaque langue, et la prolonge en elle-même bien au-delà d'un bilinguisme élémentaire.

Nothing of what has gone before is translated from Chinese; but borrowed from the Dictionary published by the Ricci Institute in 1976,[1] a dictionary whose emblem might be that character which signifies 'to reproduce the character of the original', and thus 'to arrive at a perfect resemblance', but also 'to be taken from life'! For the title heading of the *Dictionnaire français de la langue chinoise* [*French Dictionary of the Chinese Language*], besides paying tribute to previous works, has the great merit of distinguishing it from the usual "bilingual" dictionaries, which, by their deceptive hyphen, give the tiresome impression that two languages might offer of each other an untarnished reflection (a mirror hardly misted by opening the mouth to utter a few words) or that words, passing from one equivalence to the other, might circle the world and come back to us such as themselves.

This fat volume of a thousand or so pages, with its six thousand and thirty-one "entries", opens onto inner courtyards, apartments of concubines, rooms with high or low ceilings, steps, tricks and traps, in a word on a labyrinth in which seem to be heaped, between the names of provinces, of rivers, of flowers, the "ten thousand whitened bones" necessary for the glory of a general; and the names of emperors, of scholars, of monks, of translators, almost all anonymous in French. But this Dictionary opens also onto the vacant space between the two languages where reigns an intermediary idiom: what, from the Chinese, can still be heard and understood from such a distance, the translated language being to the original what the echo is to the noise. Thus, in the same pages, one can decipher the Chinese characters (and embark on a dream out of the single line which engenders all the others), or read an oriented French which is similar, in the detours which it makes, following a wall of signs, to poetry itself – when we put torrent into tears, waves into words, or when we "translate" off the cuff what could previously only be heard or understood through a very narrow partition. The last character in this Dictionary which could be taken as an edition revised and corrected, if not enlarged, of the *Cent mille milliards de poèmes* [*A Hundred Thousand Billions of Poems*],[2] is in fact the character which signifies both rhyme and vowel, as though it were there to remind us of what resounds in each language, and prolongs that resonance far beyond the reaches of an elementary bilingualism.

1. Successivement les caractères 3186, 5977, 1837, 5502, 6026 et 1494, 5949 et 959, 5491 et 4036, 6024 et 5126, 1990, 5539. Les caractères sont classés selon l'ordre alphabétique, d'après la romanisation Wade. Chaque entrée (numérotée) correspond à un caractère qui, combiné à d'autres, donne un certain nombre de termes, locutions, sentences, etc (près de cinquante mille au total).

Cent cinquante pages d'index, a priori destinées à ceux qui ont des vues plus pratiques, établissent des correspondances (entre les diverses phonétiques, romanisations, chronologies, par exemple entre le cycle sexagésimal et le calendrier grégorien). Elles permettent aussi de retrouver les caractères classés cette fois d'après le nombre de leurs traits (encore faut-il savoir les compter) ou d'après les radicaux: on contemple alors à nouveau les trois gouttes d'eau dans les larmes et les rides, ou les quatre petites flammes qui semblent consumer certains caractères, et qui se retrouvent dans la houille et le corbeau. Figurent encore dans ces pages les soixante-quatre hexagrammes tirés du *Livre des Mutations*, les vingt-quatre périodes de l'année solaire, les poids et mesures, un tableau des dynasties (sans oublier «l'homme de Pékin» ni l'inventeur du briquet à cheville). Et pour la haute antiquité chinoise, la «chronlogie longue» ou la «chronologie courte», suivant qu'on se réfère à l'*Abrégé du Miroir universel* ou aux *Annales sur bambou*.

Fondamentalement le Japon et la Chine ne sont pas l'Extrême-Orient mais l'Extrême-Occident: ils sont plus à l'ouest que Londres et Paris.

Ossip Mandelstam

1. In order of quotation, the characters 3186, 5977, 1837, 5502, 6026 and 1494, 5949 and 959, 5491 and 4036, 6024 and 5126, 1990, 5539. The characters are classed by alphabetical order according to the Wade romanisation. Each (numbered) entry corresponds to a character which, combined with others, gives a certain number of terms, expressions, sayings, and so on (almost fifty thousand altogether).

   A hundred and fifty pages of index, by definition destined for those whose interests are more practical, are there to establish correspondences (between the various systems of phonetics, of romanisation, of chronology – for example between the sexagesimal cycle and the Gregorian calendar). They also serve to help in finding the characters, classified here according to the number of strokes of which they are made up (and even then we have to know how to count them) or according to the radicals. So that we find ourselves once more contemplating the three drops of water in the tears and the wrinkles, or the four tiny flames which seem to consume certain characters, and which are rediscovered in coal and the crow. Also figure in these pages the sixty-four hexagrams taken from the *Book of Mutations*, the twenty-four periods of the solar year, weights and measures, a tableau of the dynasties (not forgetting "Beijing man" nor the inventor of the flap-hinged lighter). And for the high antiquity of China, the "long chronology" or the "short chronology", depending on whether you refer to the *Shorter Universal Mirror* or to the *Annals on Bamboo*.

2. Book by Raymond Queneau in which the lines on the separate pages are cut so that the reader can create a finite but immense number of possible poems. Paris, Gallimard, 1961. [Ed.]

Fundamentally, Japan and China are not the Far East, but the Far West: they are further West than London and Paris.

Osip Mandelstam

JOYCE MANSOUR

Jasmin d'hiver
(fata morgana 1982)

J'avale crie l'anus
L'univers du mensonge
J'avale crie la caverne
Les yeux plombés du mort au petit jour
J'avale hurle la trappe
Les peuples du passé
Enlisés dans la poussière
De la glose
J'avale sanglote l'océan
Les fleuves enflés de viande
Au gré des marées de la guerre
J'avale j'aspire je m'asphyxie
Qui suis-je?
Il suffit de fermer la bouche pour le savoir
La parole incessante du sang sur le trottoir
Le dieu caché sous le tapis troué
De la langue
Buveur de souffrance
Avatar de la maladie
Matinal hirsute
Dieu de la parole errante
Celui qui inverse le cours des années séniles
Celui qui ne craint plus le tourbillon
Ni la haine
Celui qui avale sa queue
Chandelle de poix et de soufre allumée
Vilain bouc des montagnes de la lune
Et pourtant Madeleine ne mourut qu'au matin
Blême

JOYCE MANSOUR was born in England into an Egyptian family in 1928. She died in 1986. She was a leading and provocative member of the postwar Surrealist movement in Paris, and offers in her verse a feminine version of André Breton's (largely masculine) appeal for sexual liberation. But, as Hubert Nyssen writes about her, 'the insolent flowers of her language, the perversity of her metaphors, the obscenity of certain images, the conflagrations which illuminate her dialogues, the devastating humour of her imprecations, with sometimes nevertheless an overpowering realism are the property of a writer day by day defying death with the only weapons at her disposal'.

Winter Jasmine
(translated by David Kelley)

I swallow cries the anus
The universe of lies
I swallow cries the cave
The leaden eyes of the man who dies at dawn
I swallow cries the pit-fall
The peoples of the past
Engulfed in the dust
Of gloss
I swallow sobs the sea
The rivers swollen with meat
At the mercy of the tides of war
I swallow I aspire I stifle
Who am I?
Shutting the mouth suffices to know
The unremitting word of blood upon the pavement
The hidden god beneath the tattered carpet
Of language
Drinker of pain
Avatar of sickness
Unkempt early riser
God of the wandering word
He who upturns the course of senile years
He who no longer fears the vortex
Or hatred
He who swallows his tail
Torch ignited with pitch and with sulphur
Dirty old goat from the mountains of the moon
And yet Madeleine died only in the morning
Ghastly pale

À quoi songent les morts
Sous les carreaux noirs et blancs
De la rime enjambée
À quoi songent les noyés
Quand sous les segments de l'alphabet
Ils signent le sable de leurs cheveux mouillés
À quoi songe l'insolent
Qui ne saurait voir la nappe de vie sous la verdure
De l'épitaphe
À quoi songe la cire perdue
D'un visage d'enfant
À la lecture des rides
Sur la surface
De l'étang
Course de nains sur papier blanc
Langage chiffré des oiseaux
Au fil des années du vent
Durée idéale de la nuit derrière les paupières
De celle qui souffre
D'Alexie

Malheur à celui qui étouffe
Le crocodile
Sans perdre son désir d'émeraude
Prenez garde à la tenaille goulue
La dent du jaloux
Est en deuil
Malheur à celui qui étreint
Le manche et non l'épieu
Il sera fécondé par la lance qui saigne
Et les hommes recroquevillés dans le ventre de la falaise
Mourront sans revoir le renard pâle
Tout le monde ne saurait être forgeron
En pays Dogon en pays Dogon
C'est pourquoi le cadavre pourrit
On voudrait s'arrêter
Être la trop visible épouse
De l'orient vermeil
Gorgée de terre comme l'été
Au bord du Nil
Prendre le chemin qui s'éloigne
Si tu me parlais doux

What do the dead dream of
Beneath the black and white squares
Of rhymes run on
What do the drowned dream of
When beneath the segments of the alphabet
They sign the sand with their bedraggled hair
What does the arrogant man dream of
Failing to see the layer of life beneath the green
Of the epitaph
What does the lost wax think of
The lost wax of a child's face
Reading the wrinkles
On the surface
Of the pond
Dwarfs racing on white paper
Cyphered language of the birds
Along the streams of the years of the wind
Ideal duration of night behind the eyelids
Of she who suffers
From Alexia

Misfortune to the man who stifles
The crocodile
Without losing his emerald desire
Beware of the wide-jawed tongs
The jealous man's tooth
Is in mourning
Misfortune to the man who embraces
The shaft and not the pike
He will be impregnated by the bleeding lance
And the men huddled in the belly of the cliff
Will die without again seeing the pale fox
Not everyone could be a blacksmith
In the land of the Dogons in the land of the Dogons
That is why the corpse is rotting
We would like to stop
Be the too visible bride
Of the rosy orient
Gorged with earth like summer
Beside the Nile
Take the path leading off
If you spoke to me softly

Le rongeur implacable laissera son ombre nue
On voudrait s'arrêter
Voir la pluie dénuder la plaine
Être deux morts dans la forêt
De la tombe

Apparition forcée
Quatre hautes statues
Toujours les mêmes malgré la verdure
Gardiens posthumes du phallus de pierre
Le dur désir silencieux
Celui qui vrille les entrechats
Sous les draps mouillés
De la mousson
Reconnu le taureau accroupi dans la fange
Les chiens errants les mendiants
Le grand doute haletant
L'illusion que cela bouge
Dans l'angle sec de l'œil
Tout est là inscrit sur les murs blancs flottants
Il faut tuer l'ancêtre dans l'œuf
Car dès le commencement
Rien n'est

Un remède à la mélancolie
Un dimanche de janvier
Chargé d'épices et de boue
Comme le cadavre prisonnier de son savoir-mourir
Qui aspire sans mâchoire à dire son dernier mot
Le grand rire congelé d'un sandwich au jambon
Ou la conversation des sourds attachés par les poignets
À l'anneau de la solitude
Et les parades carnassières du vieux démon de minuit
Ne changeront rien à l'affaire
L'angoisse se contracte aux limites de ce qui n'est pas
Engeance de chacal
Elle, assise sur le lit
Comme la nuit sur la dune
Pleure et dit au petit jour
J'ai envie de rendre

The implacable gnawing worm will leave its naked shadow
We would like to stop
See the rain strip bare the plain
Be two dead in the forest
Of the tomb

Forced apparition
Four tall statues
Still the same in spite of the verdure
Posthumous guardians of the phallus in stone
The silent hard desire
Which gimlets the entrechats
Under the sodden sheets
Of the monsoon
Spotted the bull crouching in the mire
The stray dogs the beggars
The great panting doubt
The illusion that something stirs
In the dry corner of the eye
All is there inscribed on the floating white walls
The ancestor must be nipped in the egg
Since from the beginning
Nothing is

A cure for melancholy
A Sunday in January
Laden with spices and mud
Like the corpse caught in the good manners of death
Jawless aspiring to have his last words
The huge frozen laugh of a bacon baguette
Or the brickwall chat of deaf men
Chained by the wrists to the ring of solitude
And the blood-thirsty passing out parades
Of the old midnight demon
Will not change a thing
Anguish shrivels to the bounds of what is not
Of jackals' brood
She, sitting on the bed
As though by night on the dunes
Weeps and says to the dawn
I want to vomit

L'odeur de la poussière
Dans une bouche automnale
Morte après la mort du soleil
Masque de cendres sur des visages vermillon
Souvenir de la Grèce
Derrière les volets des grands vieillards
Couvent
Leurs racines spongieuses sur un lit de pierraille
Autant de théories condamnées au silence
Je saluai un cheval qui passa son chemin
Pourquoi l'eau toujours l'eau
Entre la terreur et l'éveil
Qui a ouvert la bouche de l'homme

Vénus petite lune
Maladie de la fange vénéneuse
Aux tétons de potence
Aux pieds palmés rabougris
Par sa trop longue station debout
Un geste de la pipe
Dans la jungle des ténèbres
Et la verge de la vierge vire au vert vertigo
Vertiges

Vénus virago archaïque
Racine flottante sur la rade foraine
Celle qui panse les tonsurés furtifs
Celle qui défèque dans la souricière
Atavique
Celle qui se vautre celle qui s'accroupit
Sur le cumulo-volcan lieu de la crémation
Du mouton sous hypnose
Vénus vile acrobate des feux de bivouac
Celle qui cisaille le ciel de ses cuisses carnivores
Celle qui dérive sur les vastes pistes de Nazsca
Viscères noués vrombissements sévères
Répandant la soupe virevoltante d'une nuit de solitude
Dans l'écuelle du chien
Il vomit
Heureux les calcinés de l'Inde
Par-delà le ravin ils découvrent
Les à-pic de l'éternel retour

The smell of dust
In an autumn night
Dead after the dying of the sun
Mask of ashes on vermillion cheeks
Remembrance of Greece
Behind the shutters of the great old men
Brood over
Their spongy roots on a gravelly bed
So many theories condemned to silence
I greeted a horse passing on its way
Why water why always water
Between terror and the awakening
Which opened the mouth of man

Venus tiny moon
Sickness of the poisonous mire
With gallows tits
With webbed feet stunted
By standing too long erect
Pipe pointing
In the jungle of darkness
And the virgin's virile shaft verges on verdant vacillation
Vertigo

Venus archaic virago
Root floating on the roadstead
She who tends the furtive priests
She who shits in the atavistic
Snares
She who wallows she who squats
On the cumulo-volcano place of cremation
of the sheep in hypnotic daze
Venus vile acrobat of the camp fires
She who scissors the sky with carnivorous thighs
She who drifts on the vast tracks of Nazsca
Knotted viscera harsh vibrations
Spilling the swirling soup of a night of solitude
In the dog's dish
It vomits
Blessed those of India burnt to a cinder
Beyond the ravine they discover
The bluffs of eternal return

Flammes immobiles
(fata morgana 1985)

Connais-tu la vieille femme qui veille
À la porte de la mort

Elle arbore une perruque couleur de cafard
Dans sa bouche niche une dent de cheval

Fruit de la rancune
Cadeau du vent fou
Je ne sais

Elle troue sa langue de sa pointe acérée
Si elle mange elle renaît dans l'enfer des affamés
Prix payé à la chance qui, elle, porte un râtelier

Inaccessible à la maladie

Esclave d'un esclave

Elle connaît le chemin du retour
Mais ne saurait s'y rendre
Car ses jambes coupées se fanent dans un vase
Et sa bouche pleine de boue
Rit le rire maniaque des fèves d'Istanbul

Elle glisse glisse d'un rêve à l'autre
Dans le sommeil granitique
De la tombe

Connais-tu l'odeur de la boue
Qui suinte entre ses dents pourries
Ces dents piliers de basalte
Erodées par des vagues de viande

Dents de la vieille femme qui veille
À la porte de la nuit

Immobile flames
(translated by David Kelley)

Know you the old woman who watches
Over the gate of death

She wears a cockroach-coloured wig
And in her mouth there lurks a horse's tooth

Fruit born of rancour
Gift of the wild wind
I know not

She pierces her tongue with its sharpened tip
If she eats she is reborn in the hell of the hungry
Price paid to chance flaunting its false teeth

Proof against sickness

Slave of a slave

She knows the way back
But could not take it
For her severed legs wither in a vase
And her mouth filled with mud
Laughs the maniacal laugh of Istanbul beans

She slips and slides from one dream to another
In the granite sleep
Of the tomb

Know you the smell of the mud
Which seeps between the rotten teeth
Those teeth basalt pillars
Eroded by waves of meat

Teeth of the old woman who watches
Over the door of night

Elle couvre nos morts de sa langue sucrée
Malaxant ceux qui hier encore oui seulement hier
Parlaient haut marchaient droit
Dans la vase gluante de sa salive mortifère

Elle retient son souffle quand le vent solaire s'abat
Du haut de la montagne

Dans sa bouche la boue devient poussière
Vite avalée avant la prochaine grande marée
De boue

Et l'homme dit à l'homme
Pourquoi coulez-vous si tranquille
Et l'homme répondit à l'homme
Vous coulez vite et moi lentement
Malgré cela nous nous enfonçons tous deux
Chacun dans son abysse assigné
Voilà tout

*

Ne jamais dire son rêve
À celui qui ne vous aime pas
L'oreille hostile est tarie
La bouche amère calomnie
La haine vomit le sable du sablier
Plus vite toujours plus vite
La nuit trahie avorte
Une passion au présent déjà passée
Et la peur ne fait qu'augmenter
La rage du caïman
La taille du cancer
Enfouissez vos rêves dans les poches sous vos yeux
Ils seront à l'abri de l'envie
Ils seront à l'abri de l'adage
Qui veut que l'Africain babille
Et que tous les vieux soient sages

*

She covers our dead with her sugared tongue
Malaxing those who yesterday still yes only yesterday
Were speaking out loud and walking straight
In the sticky slime of her death-bearing spittle

She holds her breath when the solar wind sweeps down
From the mountain top

In her mouth mud becomes dust
Swallowed swiftly before the next spring-tide
Of mud

And the man said to the man
Why do you flow so gently
And the man replied to the man
You flow swift and I flow slow
Nevertheless we are both engulfed
Each in his assigned abyss
And that is all

*

Never tell your dream
To those who do not like you
The hostile ear is run dry
The bitter mouth is slanderous
Hatred spews the hourglass sand
Faster ever faster
Night betrayed aborts
A passion in the present already past
And fear simply adds
To the caiman's frenzy
And the cancer's growth
Bury your dreams in the bags beneath your eyes
They will be safe from envy
Safe from the adage
By which the African babbles
And all old men are wise

*

Les eaux de ce pays-là ne s'écoulent jamais
Les marins ne craignent point la tempête

Les femmes n'entament plus les rondes de l'enfance
Leurs maisons dissonantes voguent autant que des navires

Aveugles elles plongent sous la neige
Aveugles elles rejaillissent dans l'écume du printemps
Confondant le temps qu'il fait avec le temps qui passe
Mais le nid si parfaitement circonscrit s'asphyxie
La pluie et les beaux draps couvent des œufs de serpent

Laissez toute espérance le vent du Nord s'est tu
Les yeux blancs de l'oubli sont fixes à tout jamais
Et l'inconnu ne reviendra plus de l'exil

*

Brûler de l'encens dans la quiétude d'une chambre
Loin derrière les récifs d'une journée chaotique

Suivre de longues queues de noir vêtues
Dans les cimetières où dorment les années révolues

Pleurer des morts qui fleurissent comme jambons de Parme

Creuser des rides dans les champs

Crever l'œil stagnant de la nuit

Embrasser le pied d'un pape alpiniste
Ou laper l'huile qui suinte des idoles endolories
Par trop de caresses

Tout cela me fatigue
M'exaspère

Rien ne vaut une bonne dose de rage
Pour partir
Car le pied crée le chemin use le roc
Et renverse le totem qui titube
Dans la peur tropicale des églises

The waters of this land are never drained
The seamen do not fear the storm

The women no longer break into childhood roundelays
Their dissonant houses drift as much as ships

Blind they plunge beneath the snow
Blind they spring forth in the springtime foam
Confusing the passing of time with weather's changes
But the nest so perfectly circled is strangled
Rain and fair fixes hatch serpent's eggs

Leave behind all hope the north wind has died
The white eyes of oblivion are fixed for all time
And never will the unknown return from exile

*

Burning incense in the quietude of a room
Far behind the reefs of a chaotic day

Following long queues all dressed in black
In the graveyards where sleep the years gone by

Weeping dead who flower like Parma hams

Scoring wrinkles in the fields

Bursting the stagnant eye of the night

Kissing the foot of a mountaineering pope
Or lapping up the oil which seeps from the idols bruised
By too frequent caresses

All that is wearisome
Exasperating

Nothing is better than a good bout of frenzy
For setting out
Because the foot creates the path wears the rock
And overturns the teetering totem
In the tropical terror of churches

Il faut noyer le coq à sa naissance
Empêcher les aveugles de mener le train

Les prairies de la mort papillonnantes de papiers gras
Bordent nos songes de leurs hauts cris
Raison de plus pour en rire

We have to drown the cock at birth
Prevent the blind from setting the pace

The meadows of death fluttering with litter
Edging our dreams with their loud cries
All the more reason for laughter

JEAN-MICHEL MAULPOIX

Dans l'interstice
(fata morgana 1991)

Recherche du soleil levant

Au font de l'encrier la nuit
Des horloges sans aiguilles tournent à l'envers
Le ciel d'un bleu lointain titube sur les silos

Le cœur cogne à l'étroit dans son logis d'os
Musclée pressée de rire la gangue chaude engorgée
Pousse le sang juteux vers la tête
Sa marchandise de musiques
Endort maintes courbatures païennes.

Soleil levant, jours clairs déjà passés
J'apprends à compter l'amour qu'il me reste
Une poussière d'aile de papillon
Un grain de nacre un jus de fleur pressée
Sur ses dix doigts aux ongles fait

Elle comme la lumière si volage
Sortie d'un coquillage ou d'un conte
Ses yeux noirs font tort à la nuit

JEAN-MICHEL MAULPOIX was born in 1952 and teaches modern French literature at the École Normale Supérieure in Fontenay where he directs a research centre concerned with theories of poetic creation. He has published some twenty titles, poetic texts, critical essays and miscellanies. They have a common aim: the elucidation of aspects of what might be called the poetic. His work more frequently evolves on the frontiers of narrative, even though here, he makes a return to verse.

In the crack
(translated by Andrew Rothwell)

In search of the rising sun

Night, deep in the inkwell
Clocks without hands go round backwards
The distant blue sky totters atop silos

The heart thumps tight in its dwelling of bone
Muscular anxious to laugh the hot swollen matrix
Propels juicy blood up to the head
Its stock of tunes
Lulls many a pagan ache to sleep.

Rising sun, bright days already spent
I learn to count the love I still have left
A speck of dust from a butterfly's wing
A grain of pearl nectar pressed from a flower
On her ten fingers with their varnished nails

She like the light so fickle
Out of a sea-shell or a fairy-tale
Her dark eyes put the night to shame

Dans la chambre les mouches
Cognent le paysage
Comme vont les phrases contre la vitre
Bourdonnantes de colère

Désir d'escalader le pré
De vider le ciel de son eau
Pour arracher sa robe
Sise précisément dans le bleu

Juste un rêve de cheveux
À l'endroit délicat du cou

Aurore la pointe de l'échancrure
Mais point de cœur au fond du golfe
Il est trop tard
Point de miracle cette fois
Les mots de guingois dans la tête
Et leur goût doux-amer

Plus vite! Il est temps
Ces gestes-là sont malhabiles

Elle attend que j'entrouvre et caresse
Mettant le tiède à nu
Car nous sommes deux mendiants d'amour
En dépits de nos bavardages
Curieux du goût de ce corps-ci et de son électricité
Vers quelque coma dérisoire

In the bedroom flies
Beat against the landscape
Hitting the glass like sentences
Buzzing with anger

Desire to climb up through the field
And empty the sky of its water
In order to tear off her dress
Sited precisely in the blue

A wisp of hair half imagined
At the delicate point of the neck

Dawn in the dip of the cleavage
But no heart further down in the gulf
It is too late
No miracle this time
Words all askew in my head
And their bitter-sweet taste

Hurry! It is time
Such gestures are clumsy

She waits for me to undo and caress
Laying bare her warmth
For we are two beggars for love
Despite all our chatter
Curious to know this body's taste its electricity
Towards some trivial coma

Le cantique des oiseaux à minuit dans les arbres
Tout en haut du clocher à la place du coq
Un homme planté répare la croix

Les saints ont un coup de cafard
Personne ne s'agenouille près des rosiers grimpants
Il reste de la place à l'office
Pour le cortèges des filles aux lèvres peintes
Au cœur intact

Debout face au soleil levant
Comme naguère dans le jardin
Parmi les tas d'herbes qui fument
Un drôle d'encens le soir
Mêlé de musique et de soupe
Le père en bottes au milieu des radis
Retournant le dernier carré

Sa stature lyrique sur le soleil couchant

Le vent soulève les jupes des poules
Qui grattent les feuilles mortes dans le pré

Je berce en moi des enfants morts
Lentement dans la mémoire
À la vitesse du baiser sur la peau
Ou profond vers le cœur
Soleil levant: ma cargaison d'abeilles
Sorties vivantes du dictionnaire

The birds' chorale at midnight in the trees
At the tip of the steeple in place of the cock
A man firmly anchored repairs the cross

The saints are fed up
No one kneels near the rambling roses
There is plenty of room at the service
For the procession of girls with painted lips
And hearts intact

Standing and watching the sunrise
Just as in the garden a while ago
Among the smoking piles of weeds
Peculiar evening incense
Mingled with music and cooking
Father in his boots amid the radishes
Turning the last square of earth

His stature lyrical against the sunset

The wind lifts the skirts of the hens
As they peck at dead leaves in the field

I rock within me dead children
Slowly in my memory
Slow as a kiss against skin
Or deep down near the heart
Rising sun: my cargo of bees
Emerging alive from the dictionary

Je chante comme un demeuré abêti et bâté de phrases!
Comme on promènerait pour rien
Des valises de cuir emplies de cailloux

Je prends l'air des chemins où je ne m'en vais pas
Je fais trafic de routes et de voies lactées
Ma plume se moque de courir à sa perte
Soliloquant dans son amour mettant le cap au large
Qui tient tout entier dans l'angle inférieur droit du papier

C'est ainsi après des semaines de silence
Un matin on entend jaser dans la tête
Des oiseaux morts télégraphiant vers les étoiles
L'envie revient de rapides coups de cisailles dans le bleu

Faire entendre le rire exotique des mésanges
Coller l'oreille de six à sept contre le cœur des papillons
Regarder circuler le jour en spirales capricieuses d'insectes
Et ralentir un peu le pouls frénétiques des fleurs

Mais qu'ils viennent donc avec leur faux leurs paquets d'os
Leurs chrysanthèmes et leurs camions noirs qui reluisent

Je tiendrai bon sous le couvercle
Quand ils descendront l'escalier
Sur la pointe de leurs escarpins
Je prendrai ma plume d'or et ravalerai ma langue
S'ils m'ouvrent la bouche afin de la bourrer de coton
Je leur ferai une grimace noire épouvantable.

I sing like a dim-witted donkey burdened with sentences!
Like someone pointlessly lugging around
Leather suitcases full of stones

I take the air of tracks down which I do not go
I traffic in roads and milky ways
My pen doesn't care if it's heading for disaster
Monologuing its love setting course out to sea
A whole ocean in the lower-right corner of the page

That's how it is after weeks of silence
One morning you hear chattering in your head
Dead birds telegraphing to the stars
The urge returns to snip deftly up into the blue

To make the blue-tits' exotic laugh ring out
Press your ear from six to seven to the hearts of butterflies
Watch the daylight spiral in erratic clouds of insects
And slow a little the flowers' frantic pulse.

So just let them come with their scythes their packets of bones
Their chrysanthemums and their shiny black vans

I'll hold on tight beneath the lid
When they tiptoe down the stairs
In their patent-leather shoes
I'll pick up my gold pen and swallow my tongue
If they open my mouth to stuff it with cotton
I'll give them a horrid black leer.

BERNARD NOËL

Où va la poésie ?
(inédit)

La question est une violence.

La réponse en est une autre – et à l'égard de moi-même, car je ne dirai pas tout, je ne saurais dire tout.

Je souhaite ici rendre compte d'un trajet, mais dans le but de construire le moment où ce qui fut personnel change de nature par son expression même et devient autre – devient de l'Autre.

Cherchant cette expression, je cherche la clarté et rencontre une obscurité qui résiste, qui me fait violence.

L'opacité n'est-elle pas justement le corps que je voulais éclairer: le corps de langue que je veux aimer et qu'à la fois je veux livrer?

Le corps qu'en essayant de l'exprimer, j'intériorise à l'extérieur?

Alors, j'en reviens à la question, comme au couteau, comme au tranchant: quel avenir pour la poésie?

La poésie va-t-elle survivre en tant que genre ou bien sous d'autres formes? Et si elle change de forme sera-t-elle encore la poésie?

La mode, dans les media dominants, est aujourd'hui de la considérer comme obsolète, autrement dit plus que morte.

On peut facilement démontrer qu'au XXème siècle, dans toutes les langues d'Europe – langues dans lesquelles la poésie serait tout particulièrement morte – elle est au contraire ce qui reste le plus vivant dès que le temps a fait le tri. Il n'y a qu'à penser, par exemple, à Rilke et à Celan, en Allemagne; à Ekelöf, en Suède; à Montale et à Ungaretti, en Italie; à Stevens et à Hoppen, aux États-Unis; à Eliot et à Auden, en Angleterre; à Cernuda et à Jiménez, en Espagne, pour ne citer injustement que quelques noms parmi beaucoup d'autres tout aussi présents.

Les media ne dominent qu'en ignorant ce qui les conteste, et la poésie, du simple fait qu'elle existe, les conteste parce qu'elle représente la qualité quand ils n'ont souci que de quantité. Les media sont l'actualité, toute l'actualité, et la poésie se moque de ce temps-là.

BERNARD NOËL was born in 1930 in the Aveyron. For many years he worked for publishers, and for a time became one of the directors of the Royaumont Centre. His poetry is haunted by desire, death, language and silence. He has written some successful fiction, whether erotic or documentary, as well as studies on artists such as David, Géricault, Matisse, Magritte and Masson. His abiding interests include politics and history (*Dictionnaire de la Commune*, 1971), and he has recently made bold and moving experiments in autobiographical writing.

Where is poetry bound?

(translated by Peter Collier)

The question is a violation.

And so is the answer – and not least for me, for I shall not, I cannot tell all.

What I hope to do here is report on one personal pathway, but in order to retrace the moment when private experience changes its nature in the act of expression and becomes other – or rather, something Other.

In seeking this expression I seek clarity, but encounter obstinate darkness, which offers me violence.

Is not this very opacity precisely the body I wanted to illuminate: the body of language I want both to love and deliver?

The body I internalise externally as I try to express it?

So I return to the rack, like the wound to the knife, the flesh to the blade: what future for poetry?

Will poetry survive as a genre or even in other forms? And if it changes form will it still be poetry?

The fashion today, in the most popular media, is to consider poetry obsolete, in other words, deader than dead.

It is easy to show that in the 20th century, in all European languages – the languages in which poetry is more especially thought to be dead – it is on the contrary the most vital survivor now that time has made its choice. We have only to think for instance of Rilke and Celan in Germany; Ekelöf in Sweden; Montale and Ungaretti in Italy; Stevens and Hoppen in the United States, Eliot and Auden in England; Cernuda and Jiménez in Spain, to mention rather unfairly just a few among many others who are equally present.

The media can only rule by ignoring all opposition, and poetry by the mere fact of existing opposes them because it represents quality when they care for nothing but quantity. The media are the news, all that is new, and poetry has no respect for this time-bound rhythm.

De ce fait, la poésie est le foyer de résistance de la langue vivante contre la langue consommée, réduite, univoque. La poésie est cette vitalité de la langue sans avoir besoin de l'affirmer: elle l'est naturellement, en elle-même, par sa situation, car elle est sans cesse réactivée par ce qui l'anime, et qui est source, qui est originel.

L'avenir de la poésie est d'être source d'avenir parce qu'elle est un perpétuel commencement.

Il faut à présent que je soutienne cette affirmation alors même que je souhaite me soustraire à l'affirmation au profit du seul mouvement.

Je me suis inventé un mythe pour situer l'origine et la persistance de la poésie:

Le poème se distingue immédiatement par sa façon d'occuper la page.

Le poème s'y tient debout, vertical.

Et j'imagine que cette verticalité retient la trace, qu'elle mime l'acte fondateur de l'humanité puisque l'homme s'est humanisé en se dressant, en se mettant debout.

Faire acte de verticalité, ce n'est pas seulement s'arracher à l'horizontale, c'est libérer la main qui, en cessant de servir à la marche, va pouvoir s'outiller et va surtout permettre à la bouche de n'être plus un organe de préhension – comme nous pouvons l'observer chez la plupart des animaux – pour devenir l'organe de la parole.

La bouche développe peu à peu l'outil du langage pendant que la main s'équipe d'outils techniques. Le langage conserve et transmet, il crée la mémoire et le passé, il nomme tout ce qui peuple l'espace, il crée le temps, il raconte, il invente… Des dizaines de milliers d'années se passent avant que la bouche et la main ne s'unissent à travers l'écriture.

Qu'est-ce que l'écriture? C'est la notation de l'oralité dans l'ordre successif de l'émission des phonèmes, et c'est donc la soumission à une linéarité temporelle, qui va devenir l'ordre logique du récit aussi bien que du développement de la pensée.

La poésie a d'abord adopté cette allure: elle a marché comme la voix, qui marche comme le temps. Il y avait urgence alors qu'elle nommât le monde et les choses et les ancêtres et les histoires et les dieux et le visage et les parties du corps dans un acte d'amour.

Puis tout cela, toute cette nomination, cette célébration a fini de remplir son rôle: le poète s'est retrouvé dans un monde couvert de signes, de symboles et entièrement captivé par le rythme mortel de la logique du temps. Le poète s'est donc révolté contre l'emportement linéaire de la parole, et il a tenté de transformer la

Because of this, poetry is the core of resistance of the living language to digested, shrivelled and univocal language. Poetry is this vitality of language without needing to affirm it: it is so naturally, intrinsically, through its situation, for it is constantly reactivated by what gives it life, and which is source, which is origin.

The future of poetry is to open the future because it is endless beginning.

I must now support this affirmation, even as I try to escape affirmation and develop pure movement.

I have invented a myth for myself to situate the origins and the persistence of poetry:

The poem is immediately striking because of the way it inhabits the page.

Standing bolt upright, vertical.

And I picture this verticality re-enacting and retaining traces of the founding act of humanity, when man became human by rising up and standing erect.

To enact verticality is not only to wrench oneself free from the horizontal, but also to free the hand which when no longer needed for walking becomes able to use tools and above all allows the mouth to be no longer a prehensile organ – as in most of the animals – and become the organ of speech.

The mouth gradually develops the tool of language while the hand equips itself with technical tools. Language preserves and transmits, it creates memory and the past, it names everything that space contains, it creates time, it tells stories, it invents... Tens of thousands of years pass before the mouth and the hand come together in writing.

What is writing? It is recording the oral in the sequential order of the emission of phonemes, and thus it is submission to linear chronology, which will become the logical order of narrative as well as of the development of thought.

Poetry at first adopted this pace: it proceeded like the voice, which proceeds like time. It then grew urgent for poetry to name the world and things and ancestors and stories and gods and the face and the parts of the body in an act of love.

Then all this, all this nomination and celebration had at last accomplished its task: the poet found himself in a world covered in signs and symbols and entirely in thrall to the mortal rhythm of the logic of time. So then the poet rebelled against the linear career of speech, and attempted to transform the constitution of

constitution de la poésie, dont la verticalité est devenue une position de résistance contre la ligne.

C'est le commencement de ce que nous appelons la modernité.

La métaphore et l'image poétique ont travaillé à défaire tout le système de références, qui attachaient les mots aux choses, et qui servait de justification au langage.

La main qui écrit a cessé de suivre le rythme de la bouche. La main s'est mise à écrire dans l'élan de la montée obscure des mots. La main aujourd'hui se révolte contre la bouche.

(Voir précède infiniment parler.
Voir fut longtemps toute la pensée.
Voir c'était mettre du ciel dans la tête.
Et de l'air. Tout un espace.
Quand parler s'est ajouté à voir,
L'œil est passé dans la bouche.
Quand écrire s'est ajouté à parler,
La bouche est descendue dans la main.
Cette descente contenait aussi de l'œil,
Mais contrôlé toujours par la bouche.
La main veut abolir ce contrôle:
Elle veut communiquer avec l'œil
Sans pouvoir intermédiaire
Comme elle le fait quand elle peint.
L'image met déjà de la vue
Dans l'écriture, mais cette vue n'est pas
Visuelle. L'image du texte fait voir
De l'intérieur ce que les yeux n'ont jamais vu,
Ne verront jamais, car le ciel
Interne n'a plus besoin de l'autre
Pour donner à voir...)

Je répète: l'écriture, tout au long de son histoire, a noté de l'oralité, ce qui l'a voué au linéaire, à la logique du fil temporel. La poésie, en se révoltant contre la ligne, se met une nouvelle fois debout sur la page et recrée une origine. Mais cette érection s'accomplit dans un espace, qui a changé la nature de la page.

La page sur laquelle se dresse aujourd'hui le poème n'est plus un simple support: elle est devenue analogue à l'espace mental.

Je dois parler à présent de cet espace, tout en ayant conscience de l'aborder avec un vocabulaire inadéquat.

poetry, whose verticality became a position of resistance to linear progression.

That was the start of what we now call modernity.

Metaphor and the poetic image worked to unfasten the whole system of references linking words to things and providing the justification for language.

The writing hand no longer followed the rhythm of the mouth. The hand started to write under the impulse of the dark tide of words. Today, the hand rebels against the mouth.

(Seeing comes infinitely prior to speaking.
Seeing for ages was all that thought did.
Seeing was filling the head with the skies.
And with air. With all sorts of space.
When speaking was added to seeing,
The eye moved down into the mouth.
When writing was added to speaking,
The mouth moved down into the hand.
The eye played its part in the move,
But still under sway of the mouth.
The hand wants to break this constraint:
It wants to relate to the eye
With no intermediate powers
As it does when it paints.
The image already puts sight
Into writing, but this is not visual
Sight. The image in the text reveals
From inside what the eyes never saw,
Will never see, for the heavens
Within have no need of the other
To give us eyes to see…)

I repeat: writing, throughout its history, has recorded the oral, and this has confined it to the linear, to the logic of the temporal thread. Poetry in rejecting the line rises once more erect upon the page and recreates an origin. But this erection occurs in a space, and that has changed the nature of the page.

The page on which the poem rises today is no longer a background: it has become analogous to mental space.

I must now speak of this space, although I'm aware of approaching it with an inadequate vocabulary.

Une anecdote aidera peut-être mon propos.

Je m'intéresse quotidiennement à la prose. J'ai fait de la prose ma profession en tant qu'écrivain d'essais, de romans.

Il y a quelques années, j'ai pu, à la faveur d'une bourse, habiter un ancien couvent de Chartreux et disposer du temps dont j'avais besoin pour écrire un roman. Ce roman déjà commencé concernait le regard et l'histoire de la représentation. Il mettait en action une machine à voir les images mentales et à penser visuellement. Très vite, je me suis rendu compte que je ne pouvais plus l'écrire parce que je ne supportais pas de représenter, et que cet insupportable m'interdisait toute narration. Au bout de quelques semaines de cette impuissance, j'en étais au désespoir le plus sombre quand un ami éditeur me réclama violemment la fin d'un poème dont je lui avais remis les deux premières parties depuis longtemps. Voulant répondre à cette demande, j'ai écrit la troisième et dernière partie de ce poème intitulé *l'Eté langue morte*. Et découvert en y travaillant, que le poème est un événement qui surgit dans l'espace mental tel qu'il se dépose dans l'espace de la page. Je veux dire qu'il n'y a aucune différence entre l'événement verbal – dont l'apparition a été préparée mentalement par l'attente, par la posture active de l'attente – et les mots inscrits dans l'espace de la page. Aucune médiatisation entre l'événement et l'écriture. Aucun passage par la représentation. L'écriture est exactement la concrétion verbale de l'événement verbal. Même si cette concrétion est ensuite façonnée après l'événement.

Là-dessus, il m'a bien fallu réfléchir sur l'événement verbal de la poésie et sur l'espace mental, qui est son milieu – réfléchir et constater que tout cela avait un lien avec le refus de la linéarité et l'espacement intérieur produit par l'attente.

Qu'est-ce qu'une expression non-figurative dans un monde que les média transforment peu à peu en pure représentation, en pure apparence?

Qu'est-ce qu'une concrétion verbale?

Et qu'est-ce bien sûr que l'espace mental?

Je travaille aux réponses avec la certitude lentement acquise que la poésie est l'expérience des limites intérieures de l'expression verbale: en touchant ces limites, la poésie touche à la fois l'origine et l'avenir.

Il faudrait commencer par une archéologie des espaces mentaux. Je me contenterai, ici, de marquer la coupure entre l'espace

An anecdote may come to my rescue.

I'm busy with prose every day. I've made prose my profession as a writer of essays, and novels.

Some years ago, I was lucky enough to be awarded a grant to allow me to live in a former Charterhouse, to take as much time as I needed to write a novel. This novel, which I had already started writing, was concerned with the gaze and the history of representation. It set up a mechanism for seeing mental images and thinking visually. I very soon realised that I couldn't go on writing it, because I couldn't bear the act of representation, and this inhibited all narration. After some weeks of such impotence, I was reduced to the blackest despair when a publishing friend of mine urgently demanded the last part of a poem whose first two parts I had submitted a long time before. Wishing to respond to this request, I wrote the third and last part of the poem entitled *The dead tongue of Summer*. And discovered as I worked at it that the poem is an event which arises in the space of the mind in the same way as it settles in the space of the page. I mean that there is no difference between the verbal event – whose appearance has been mentally prepared by anticipation, by the active stance of anticipation – and the words inscribed in the space of the page. No mediatising between the event and its writing. No passing through representation. Writing is precisely the verbal concretion of the verbal event. Even if this concretion is actually refashioned after the event.

Whereupon, I was obliged to reflect on the verbal event of poetry and on the mental space where it takes place – to reflect and to note that all this was connected with rejecting linearity and with the inner spacing produced by anticipation.

What is a non-figurative expression in a world that the media are gradually transforming into pure representation, pure appearance?

What is verbal concretion?

And of course what is mental space?

I work at the answers with the hard-won certainty that poetry is the experience of the internal limits of verbal expression: in reaching these limits, poetry reaches back to the origin and forward to the future.

One should first establish an archaeology of mental spaces. But I will content myself here with marking the break between the linear

linéaire qu'ont structuré les arts de la mémoire (inventés au Vème siècle avant notre ère par le Grec Simonide de Céos) et l'espace volumineux ouvert par la lecture mentale.

Rappelez-vous l'histoire de saint Jérôme... Un jour que Jérôme était en train de lire dans sa cellule, l'un de ses frères moines entra, l'observa et s'enfuit terrifié parce que les lèvres de Jérôme ne bougeaient pas...

Les lèvres des lecteurs ont cessé de bouger à partir du XVIème siècle à mesure que la lecture silencieuse quittait la bouche et son articulation pour s'enfoncer dans l'espace mental. Cette lecture intérieure a complètement modifié le rapport au texte, qui n'a plus provoqué un emportement linéaire, mais un rapport spacieux.

Le passage d'un espace à l'autre s'est effectué du XVIème jusqu'à la fin du XIXème siècle, et le premier texte «spacieux» est certainement le *Coup de dés* de Mallarmé.

L'oralité suppose la mémorisation, et celle-ci, pour être sans faille, exige une structuration très stricte de l'espace mental. L'invention de l'imprimerie met à la disposition de chacun le livre et la bibliothèque: il libère l'espace mental en extériorisant la mémoire. Dès lors, on n'écrit pas plus avec la bouche qu'on ne lit avec elle.

Le livre est une tête ouverte: on lit en lui comme on écrit en elle.

La masse des livres et l'univers presque infini de l'écriture ont également produit un espace, celui d'une nouvelle nature dans la continuité de laquelle s'ouvre notre mentalité. L'événement verbal, qui donne naissance au poème et qui se concrétise en lui, advient à l'intérieur de cette continuité où nous sommes à la fois unis à tous les livres et séparés d'eux suffisamment pour entretenir avec leur écrit le même rapport que chaque homme avec l'espèce humaine.

Ce mouvement d'appartenance et de retrait conditionne en nous l'apparition des mots qui, en tant qu'événement verbal, sont détachés de leurs références aux choses et ne relèvent plus que de la réalité seconde peu à peu produite par l'écrit.

Le poème est une éruption dans l'espace mental de la matière dont se compose cette réalité purement verbale. Sa forme seule dépend du travail individuel sur le langage et sur l'espace intérieur dans lequel il se manifeste.

La main, en révolte contre la bouche, développe directement l'élan verbal: elle retrousse la ligne, la redresse et met debout le corps du poème.

space which has been structured by the arts of memory (invented in the fifth century BC by the Greek, Simonides of Ceos) and the voluminous space opened up by mental reading.

Remember the story of Saint Jerome...One day when Jerome was reading in his cell, one of his brother monks came in, observed him, and then fled in terror because Jerome's lips weren't moving...

Readers' lips ceased to move from the sixteenth century onwards as reading became silent, left the mouth and its articulation, and burst into the space of the mind. This internal reading completely modified our relationship to the text, which no longer triggered a linear impulse, but a spatial relationship.

The passage from one space to the other evolved from the sixteenth through to the end of the nineteenth century, and the first "spatial" text is undoubtedly Mallarmé's *Un Coup de dés*.

The oral tradition implies committing to memory, and this in its turn, in order to be faultless, demands a very strict structuring of mental space. The invention of printing places at everyone's disposal both the book and the library: it liberates mental space by externalising memory. From that point on, we no more write with the mouth than we read with it.

The book is an open head: we read in the former what we write in the latter.

The great mass of books and the almost infinite universe of writing have also produced a space, that of a totally new nature within whose continuum our mental existence unfolds. The verbal event, which gives birth to the poem and which is concretised in it, occurs within this continuity, where we are both united with all books and separated from them sufficiently to entertain with their writing the same relationship that each individual entertains with the human race.

This movement of attachment and withdrawal determines within us the emergence of words which, as mental event, are detached from their references to things and no longer depend on anything more than the secondary reality gradually produced by what is written.

The poem is an eruption into mental space of the matter which composes this purely verbal reality. Only its form depends on a personal reworking of language and the inner space within which it appears.

The hand, rebelling against the mouth, develops the verbal impulse directly: it lifts up the line, stands it on end, and raises erect the body of the poem.

Les états de l'air

(*poèmes 1*, Flammarion 1983)

à Vieira da Silva

nous n'avons que la vue
les paroles de vent
ce vide est le pays

ici la profondeur renverse
le regard sur soi
elle nous fait sauter dans nos yeux

toujours le va-et-vient
le vu et le non-vu
la greffe du pas-là
sur ce qui est là

tant de passages
en nous-mêmes s'ouvrant
en nous-même passant
et l'œil à travers
s'enroule au bâti d'air

chaque chose se tient dans ce qu'elle est
plus de centre
mais du central

tout le corps voit
et la feuille est derrière la vue
comme le dos derrière soi

un chemin d'air
semé de cailloux d'encre
et la porte dedans
la porte qui s'en va

miroir vous êtes
notre tête au-delà
on y rentre chez soi
par la pupille
cette petite lune noire

BERNARD NOËL

The states of the air

(translated by Peter Collier)

for Vieira da Silva

we have only vision
words made of wind
emptiness makes landscapes

here depth returns
our looks within
making us plunge inside our eyes

all coming and going
seen and unseen
tracing what's absent
over what's present

so many pathways
opening within
us passing within
us and across
eyes spinning their network of air

each thing remains within itself
no more centre
all is central

the whole body sees
and the leaf is behind the eyes
as the spine behind the self

a track of air
lined with ink pebbles
and the inner doorway
the disappearing doorway

mirrors you are
our heads the other side
we go home
through the pupils
tiny black moons

au ciel de papier
une part d'air
page pour battements
quand la pensée s'envole

buée de traces
buée parmi laquelle
chacun retourne au tout

les écailles limpides
le dessous planté d'os
puis l'obscur

partout du seuil
et le même partir
l'étonnement suffit
rien n'arrête l'ouvert
sauf sa propre surface

chaque limite appelle
le regard s'y dépasse
la tête est ce là-bas
où elle le rejoint

alors dans l'œil allé
le corps se voit venir
où le mental s'aère

mais voici l'Autre en Vous en Lui
la rencontre affrontée
le doublement du monde
un philtre d'air
l'in-fini

et ce mur de rien
où la langue s'entête
puis se noie dans les yeux

in their paper heaven
air-filled spaces
pages trembling
as thought flies through

misty traces
mist through which
the many return to the whole

limpid scales
underneath are stems of bone
then darkness

all is threshold
all departure
astonishment is sufficient
nothing stops openness
except its own surface

each limit calls out
where the gaze overflows
the head's the horizon
where they meet

then lost in the eye
the body espies its own coming
through vents in the brain

but here comes the Other within You within Him
meeting confronted
reduplicated worlds
and aerial draughts
end lessness

this invisible wall
where the tongue bangs its head
then drowns in its own I's

L'Été langue morte
(Fata Morgana 1982)

CHANT I

le monde n'est pas fini
et quand le vent se lève
notre visage est différent
l'amour défait l'amour
pour devenir plus que lui-même
qui va mourir
sait que la beauté est inexorable
je regarde ton souffle
tu t'évapores
l'obscur du temps est un ongle
derrière l'œil
il faudrait tenir sa langue
jusqu'au commencement du monde
la lumière est terrible
la mer ressasse
tu cherches un point parmi le jour
le présent est sans but
sans contour
et le sommet des pierres
ne connaît pas leur ombre
ce qui m'arrête
n'est que moi
ma tête trop nombreuse
un sens
un doute
il ne suffit pas de voir
le regard a fait tomber de moi
tout le visible
la langue lance vainement un pont
pour réparer
chaque syllabe est l'écho
travesti d'un adieu
pétale d'air
qui es-tu
je manque de toi dans ton nom
ah devenir l'ancien de soi-même
c'est parler

The dead tongue of Summer

(translated by Peter Collier)

CANTO I

the world is unfinished
and when the wind rises
our faces change
love undoes love
to become more than itself
those about to die
know that beauty is relentless
I watch your breath
you evaporate
the darkness of time is a fingernail
behind the eye
we should hold our tongues
until the beginning of time
the light is terrible
the sea mulls things over
you seek out a point from the daylight
the present is aimless
and shapeless
and the crest of the cliff
is blind to the shadow cast by its rocks
what halts me
is only myself
my too teeming head
a sense
a doubt
seeing is not enough
gazing has made me shed
everything visible
the tongue juts a bridgehead
a vain reparation
each syllable echoes
a distorted farewell
aerial petal
who are you
I've lost your self within your name
if only we could find our older wiser selves
now you're talking

le souffle fait dans l'espace
moins qu'un reflet dans l'eau
                                        ce soir
la musique est une île sur l'île
et sa rive
un anneau d'yeux
posé
tout centre est vide
mais le rien où s'effacent les pas
mange notre plomb
l'os s'aère
et voici l'Autre
le délégué du désir
qui danse
son pas écrit sans trace
un instant
une mesure
où le perdu apporte ce qui vient
le temps se couche sous le temps
tout à coup
le vide de l'anneau
devient le vide de l'ouvert
le O
d'un cri qui nous renverse
en l'air
                                    l'art
n'est pas efficace
le désir non plus
laissons l'efficacité à la roue
et dites-moi où
est son commencement
les chemins ne font pas signe
ils sont les chemins
simplement
la langue s'en va sous les pierres
être là suffit
            pourtant
qui connaît l'instant
nous fuyons la pensée dans la pensée
souviens-toi
elle était ce tas de cheveux
sans bouche

breath ruffles space
less than reflections in water
                                        tonight
there are islands of music on the island
and its banks
a ring of eyes
settled
all centres are empty
but the void which swallows our footsteps
eats at our leaden linings
our bones breathe in air
look here comes the Other
delegated by desire
dancing
his steps a moment
track unwritten
measures
where things lost announce what's coming
time lies sleeping under time
suddenly
the void of the ring
becomes the void of openness
the O
of a cry which spins us
skywards
                                art
is inefficient
like desire
but efficiency only gave us the wheel
please tell me where
to find its source
paths are not signs
they are purely
and simply paths
the tongue slips down beneath the stones
being there suffices
                            and yet
who can tell the moment
we flee thought in thought
remember
that mass of hair
mouthless

ton ombre seule la couvrait
il n'y a pas de sujet
pas de profondeur
seulement de l'oubli
où l'on pêche
et quelquefois c'est trop beau
ici et là-bas jouent ensemble
le ciel cache la même chose
que la mer
toute forme dit NON au vide
                                        mais
l'entre-deux fais-tu
eh qu'y puis-je
si l'air n'est pas aussi bleu sur tes lèvres
qu'au loin
nous cherchons partout le nulle part
d'une autre terre
                              le périssable
est dans nos yeux
la lumière coule vers le dehors
c'est la sueur des choses
écoute
je n'ai rien sur la langue
mais je dis
être ici est beaucoup
et pour la première fois
nous entendons le froissement de l'air
sous l'aile de l'oiseau
une hirondelle
l'unique est sans limite
je ne range pas dans ma tête
le une fois
cette fois-là s'égare dans l'avoir été
et une fois reste une fois
comme le vent sur la main
écoute
rien n'imagine d'être
sauf nous
et cela fait de nous la bête
d'un labyrinthe d'air
où chacun ne guette que lui-même
entre le dit qui meurt et le non dit

covered merely by your shadow
there is no subject
no depth
only forgetting
angling
and sometimes the beauty's unbearable
here and elsewhere playing in tune
the sky hiding just what
the sea does
all form says NO to the void
                                        but
the in-between says you
well how can I help
if the air is less blue on your lips
than afar
we're always after the lost horizons
of another world
                        the perishable
fills our eyes
the light flows outwards
objects perspire
listen
there's nothing on my tongue
but I say
being here is quite enough
and for the first time
we hear the air rustling
beneath the bird's wing
one swallow
the single has no limits
I can't file in my head
the one off
that once dissolves in the having been
and once remains once
like the wind on my hand
listen
nothing but us can imagine
existing
which makes us the beast
within a labyrinth of air
where we all keep watch for ourselves alone
between words dying and those unspoken

qui va mourir
la bouche est l'appelant
de l'exprimable
la mort
s'essouffle
et la vie
danse
haut
                    puis rien
virgule sexuelle
trop plein de mots
on a cru au pouvoir de la parole
et la terre a bouilli
où est le chez nous
si ma langue efface toutes les portes
les mots miment un secret
qu'ils éventent
j'écris par amour des yeux
qui sont mon contenu
visage visage
il n'y a pas assez de lampes
et trop de livres
                    mais
la mer est là
immobile
et dans cette immobilité
le langage reconnaît sa promesse
regarde
l'immobilité appelle le vent
l'état de détresse est lié
à la goutte mouvante
ainsi va le mot
dans l'illusion qui se défait
rien ne sera tenu
l'idée même s'abîme
dans l'idée
quelle histoire
entre toi et le monde
quel mot à mot
contre nature
les yeux de mon amie sont dans la terre
celle qui me disait Chante

yet soon to die
the mouth appeals
against the unspeakable
death
loses breath
and life
dances
higher
                                        then nothing
sexual comma
words overflow
we believed in the power of speech
and the earth boiled over
where can we dwell
if my tongue opens doorways
words mime a secret
breathing it open
I write out of love for the eyes
which are my contents
face oh face
there are not lamps enough
too many books
                                   but
the sea is there
motionless
and in this lack of motion
language acknowledges its promise
watch
this lost motion invoking the wind
the state of distress is bound
to the moving droplet
it's the way of the word
in self-dissolving illusion
nothing will hold
the very idea engulfs
the idea
what a story to tell
between you to the world
what unnaturally
literal translation
my true love's eyes are under ground
she told me Sing

maintenant
j'écris
chaque ligne mange
ce que la terre a déjà mangé
misère
                                        misère
voici venir le mensonge
à qui s'adresser
à quoi
                                        un soir
au même instant nous fûmes
moi sur toi
et la pluie sur le toit
oui
    personne ne parle à personne
mais nos langues parfois
sont celles de deux bêtes
qui jouent et s'entendent
                                    oui
qu'est-ce qui est possible
le désir
l'usure du désir par le désir
et pourtant
tu fais partie de moi
comme le souffle fait partie
de la bouche qu'il abandonne
je voudrais
                        comment vivre
je voudrais
je voudrais dévisager en moi
ce qui a besoin de vouloir
et là-dessus mes lèvres chercheraient
la fente
                  et tu dirais
fais ton visage
                        et il y aurait
ici même
le face à face
de moi et de mon oubli
mais quoi
qu'est-ce qui est en jeu
écrire

now
I write
each line gnaws
what the earth's already gnawed
wretch
                                        of wretches
now for the lie
who to turn to
or what
                                        one night
in the same moment we happened
me on you
and the rain on the roof
yes
      nobody speaks to nobody
but sometimes our tongues
are those of two dumb beasts
at play and in harmony
                                yes
what is possible
desire
desire eroding desire
and yet
you are part of me
as breathing is part
of the mouth it abandons
I want
                  how to live
I want
I want to confront within myself
the source of my needing to want
and thereon my lips would seek out
the slit
           and you'd say
show your face
                      and there'd be
right here
a face to face
between me and my forgetting
and yet
what's at stake
writing

poser ici
un mot-trou
poser ma bouche
et que ce O
soit l'ouvert
d'un belle folie
maintenant
                maintenant
maintenant

La photo d'un génie
(*La Rumeur de l'air*, Fata Morgana 1986)

voici le passant
le chaud du jour sur le mur
le soleil dans la vitre des lunettes
la barbe blanche
le trou dans la joue droite

a vécu et a travaillé là

les mortels ont les doigts bavards
leurs secrets tombent dans l'œil
les morts serrent les paupières
ils jouissent de ce qu'ils ne savent plus

et le cœur attaché aux petites choses
comme l'enfant à ses jouets

une vie
qu'est-ce qu'une vie

le là-bas
l'image

les morts vont sous leur nom
tête mange autant que terre
et sol d'air
et matière à vue

placing here
words holes
placing my mouth
with its O
as the overture
of a fine act of folly
now
        now
now

The photo of a genius
(translated by Peter Collier)

here comes the stranger
the daylight warming the wall
the sun in the glaze on the glasses
the white beard
the hole in the right cheek

lived his life and worked away there

mortals have tell-tale fingers
spilling secrets to the eyes
the dead clench their eyelids
thrilling from having forgotten pleasure

and their hearts tied to trivia
like the child to its toys

a life
what's a life

the beyond
the image

the dead go under their own names
heads eating air as much
as soil and earth
and visual matter

les morts ont toute la mort
nous une vie

faut-il vieillir

la santé est obscure
mourons à la tâche disait-il
car il n'y a pas d'autre certitude

le temps tète à notre bouche
ô nerfs ficelles blanches
où le regard est notre père
maintenant les lèvres
comme bandelettes tenant
le haut sur
le bas

en moi j'ai cherché de l'autre
dit-il
pour mourir en liberté

le jour passe la montagne
les feuilles remuent encore une fois
la bouche dans la barbe
poils dessus poils dessous
aucune dent

et le col
dans le triangle du gilet
écarte son propre
triangle où
tient le nœud

les dieux aussi
vont sous leur nom
leur longue vie est devenue courte
un rêve et pas d'os

plus bas
la boutonnière avec un
je ne sais quoi qui brille
puis

the dead have all of death
we just one life

must we grow old

health is a mystery
let's die striving he said
for there's nothing else certain

time sucks at our mouths
oh nerve-strings white threads
where the gaze is a father
taping the lips
like bandages stitching
the top to
the bottom

within me I sought otherness
says he
to die in freedom

day fades behind the mountain
the leaves stir just one more time
the mouth in the beard
hairs above hairs below
not a tooth

and the collar
in the triangled waistcoat
parts its own
triangle holding
the knot

the gods too
go under their own names
their long lives have shrunk
a dream and no bones

lower down
the buttonhole with a
something shining
then

le papier
comme une langue blanche et
à droite
Mes remerciements à l'artiste
du fond du cœur

les hommes vivent le présent avec ingénuité
nous avons du brouillard et une fleur
elle me rappelle la lumière
la vie n'est pas facile à
mon âge
je paye pour chaque jour
pour chaque mot

le quotidien n'est pas le présent
ou bien
            la vie piétine
sous le vent et les jours tendent
un mât sans voiles
nous avons dans la tête une île
errante et c'est un dé qui
roule vers la chance

monsieur le génie
le dos au mur
deux rides écartent leur triangle
où s'enfonce le nez

l'émotion est immortelle
elle tourne dans le corps
puis fond
comme l'oiseau
ce qu'elle attrape alors
descend vers le futur

dis-moi
le sujet le verbe
le miroir pendu
la tête coupée par l'image
la bouche où furent amour et salive

the paper
like a white tongue and
on the right
Compliments to the artist
from the bottom of my heart

men live out their present naively
we have fog and a flower
that reminds me of daylight
life is not easy at
my age
having to pay for each day
for every word

the everyday is not the present
or else
          life treads water
to leeward with days stretching
masts stripped of sails
we have in our minds a floating
island, dice that
spin on towards luck

mister genius
back to the wall
two wrinkles parting their triangle
which the nose plunges into

emotions are deathless
they turn in the body
then dive
like a bird
what they catch then
sinks down to the future

tell me
the subject the verb
the mirror hanged
the head the image severed
the mouth where love and saliva were

on pense avec cela aussi
et le vécu se trie
tombe en tête

monsieur le nom
votre visage est la planche 52
et là
qui est là

couché hors de soi
rien n'arrive de ce côté
en face viennent les passants
ils regardent l'image
ils oublient le deuil et le petit oiseau

a vécu
a travaillé

les morts ont pour avoir
tout cela
qu'ils n'ont plus

we think with that too
and our past lives
trickle head first

mister name
your face is plate 52
and there
who's there

lying beside himself
nothing happening that way round
facing strangers coming
they're watching the image
forgetting the mourning and the dicky bird

lived his life
worked away

the dead are the owners
of all
they no longer possess

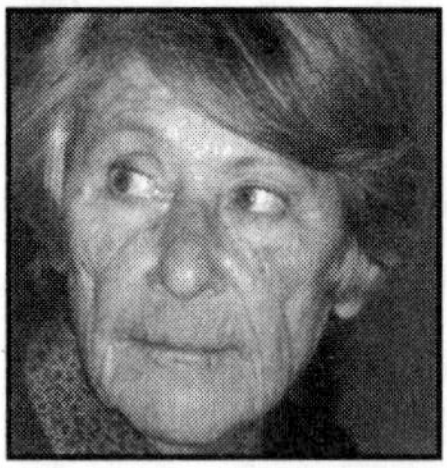

GISÈLE PRASSINOS

Pour l'arrière-saison
(Belfond 1979)

Pour la parole matinale
et son goût musclé de naissance
même s'il se brise après la lumière
j'ouvrirais moi-même la fleur des poisons
où commence le dernier jour.

*

L'ESPOIR

Destitué, nu-tête
mais il respire encore.
C'est un peu de sel sur la langue
une coupure au fond d'un pli
un doigt qui remue dans la nuit.

Au lieu d'alerter le silence
avant que lui vienne mourir
pose à son col
la louve corolle de tes dents
et glisse en son fléchissement
le mors d'une fête prochaine.

*

GISÈLE PRASSINOS was born in Constantinople in 1920, into a Greek family which emigrated to France in 1922. Her first volume, *La Sauterelle arthritique*, was a piece of precocious surrealism, solicited by André Breton when she was only 14. This early taste for the humorous and the fantastical has led to some delightful tales, but her voice is often attuned rather to the more subtle mysteries of language and the self. Her later poetry has taken on a more elegiac note. She has translated the Greek novelist Kazantzakis, and something of her Greek origins may perhaps be felt in the sense of linguistic wonder that pervades her use of French.

Indian Summer

(translated by Peter Collier)

For the speech of early morning
and its muscular taste of rebirth
even if daylight arriving should choke it
I would open the flowers of poison unaided
and let the last day dawn.

*

HOPE

Destitute, bare-headed
but still breathing.
It's a sprinkle of salt on the tongue
a cut in a deep crease of flesh
a finger moving in darkness.

Instead of alerting the silence
before it expires
offer its neck
your collar of wolf's teeth
and as it yields slip in
the bit marking feasting to come.

*

CORBEAU

Au ravin
croix de lustrine
et son cri graveleux.

Cône vocal à bec enchaîné
et croix vers le ciel
l'horizontale pendante de la chair.

*

Est-ce bien toi mon cœur
qui armes la durée?
Les pas divergent. Encochée la douceur.
On distend les clochers, on affame les sources.
Nuit, tu accueillais le verbe.
On plante des gardiens à l'enseigne des bouches.

Qui emprunte aux ronces?
Est-ce toi mon cœur?

*

Est-ce à cause du ciel, taie blanche
regardant son poids dans le morne miroir
qui l'affronte? Bise. Silence.
Est-ce la terre le reflet?
Ce matin les rues montent
canaux blêmes et grossis
empêchés par le froid d'épandre leur excès.
Abcès durci d'où la fièvre a retiré
ses battements.

RAVEN

Ravines
and crosses of lustrous
lamé screeching lewdly.

Vocal chainmail cones of beaks
crossbows aimed at heaven
flesh hanging sideways.

*

Could it be you my heart
who gives time its armour?
Footsteps have parted. Gentleness frayed.
Steeples distended, well-springs parched.
Oh night, you used to welcome words.
Now guards are posted at the threshold of each mouth.

Who has harvested brambles?
Could it be you my heart?

*

Is it the fault of the sky, hanging
its white-shrouded gaze on the sullen
facing mirror? Cold kiss of the wind. Silence.
Is the earth its reflection?
This morning the streets are rising
pale and swollen channels
numbed by frost
which stops them overflowing.
Hardened abcess drained of all the throb
of fever.

Les maisons s'affaissent dans leur haleine.
Seule mobilité
quelques oiseaux sans ailes
tracent sur le gel des figures de plomb.

Du haut et du bas opposés et pareils
qui prépare? Qui va, se délivrant
le premier, fournir le mouvement?

*

Si simplement composé
que l'air en aucun recoin ne s'attarde
ce corps ce point d'où je parle encore.

Nulle image ne l'imprime
et nul cri ne l'entend
si dérisoire
ce lieu ouvert et vacant.

Qui sommes-nous maintenant
humain que j'étais et que j'oublie?
Par ton reste de signes
à la lie de mes sens
dis
avant qu'on ne nous désassemble.

*

Brise tes jambes de fer
à l'heure où les chemins s'allègent.
Les pas du jour résonnent dans la terre
hors des murs coulent des bols pleins de neige
on a marié les fleurs pour l'été.

The houses slump back under their breath.
All motionless
but some wingless birds
tracing lead sketches across the ice.

Which of the equal and opposite height or depth
is making ready? Which will break free,
which make the first move?

*

So simply composed
that the air never lingers in a single chink
this body the space I still speak from.

No image can print
no cry can hear
this derisory
open and empty lot.

Who are we now
I who was human and now forget myself?
With the signs that still mark you
speak
to the dregs of my senses
before they disband us.

*

Shatter your iron limbs
as the paths grow lighter.
Steps of daylight ring out through the earth
beyond the walls are spilling bowls of snow
the flowers have married for summer.

La maison reprend du service
rompue de voix
aux lèvres des chiffons mouillés.
Les faïences bavardent
un parfum éphémère tourne autour des lauriers
on va consommer les viandes.

Un homme, à l'air, essuie des plats
son toit a fini de brûler
dans les cendres un enfant bourdonne sa chute.
Couteau du merle, étincelle des feuilles
tranche et fais ruisseler mon cœur.
Crépuscule d'où sors-tu ta toile
et mouche, ma peur fatale
et ma joie certaine d'échapper?

Ici le lieu magique:
passage d'ailleurs ou d'autres siècles – comment savoir?
Il faut aller on ne peut contourner le noir
la lumière se paie.
Qui s'est tué là pour nourrir le respect?

Au retour à travers les chaussées
tu trembles de rencontrer ta mort malgré qu'on l'enferme.
La mer sent l'huile qui tordait hier les corps longs.
Les lampes égrenées dans le soir
tracent la fin du cercle:
la femme, l'abri
ventres ouverts.

*

Un souffle est pendu
à la source de l'ombre.
Un homme bat l'air en tournant.
Muets les oiseaux
ou étrangers.

The house returns to work
humbled with voices
wet rags on their lips.
China natters to china
fleeting scent surrounds the laurel shrubs
and meat awaits consumption.

Outside, a man wipes dishes
after his roof burnt down
a child intones its fall to ashes.
Blackbird, flash your blade through leaves
and slice and wring my dripping heart.
Twilight, whence your web
and fly, my fatal fear
and certain thrill of safe escape?

Here is the magic place:
the passage from distant times or places – how can we tell?
No time to stay the night is unavoidable
light demands payment.
Who took his life here to impose respect?

Returning crosswise over roads
you fear the thought of your death bursting its bonds to meet you.
The sea smells of oil which yesterday tortured slim bodies.
The lamps of evening punctuate
and trace the circle's end:
the woman, the safe haven,
the open bellies.

*

A breath hangs
on the source of the shadow.
A man mills the air as he turns.
Silent the alien
birds.

Plus loin sans cris, éparpillés
morts
où le soleil tendu délivre enfin
leur imposture.

*

D'ici quelle pâleur l'enfance.
On n'est plus dedans.
C'est un quartier de lune muet, troué
qui flotte et fuit parmi les feuilles.
À la fois des noyaux épars
brûlant dans le compact du fruit mûr.
Les délivrer
rassembler le tout
lâcher dans l'azur un astre plus rond
brûlant de loin toujours
en giclant ses couleurs et ses bruits.

*

VERS

Noirs sur la blancheur rigide
l'air entre eux de ne pas se voir
mais chacun sur son rail, ailé de mêmes écarts
et selon, perdant son souffle avant le vide.

À suivre ces chemins je sens bouger mes cordes.
À remuer leurs pierres
à découvrir leurs liens sous terre
mes lèvres les halant
à ranimer les ondes au linceul du livre
je suis

Further, no cries, they lie dead
scattered
beneath the sunlight darting to at last expose
their counterfeit.

*

From here how pale is the childhood
we no longer inhabit.
It's a silent quarter moon, riddled
with leaves floating and fleeting.
And also, scattered kernels
burning densely pitted in the ripened fruit.
Prise them free
bind them together
launch in the blue a rounder star
ever burning ever farther
splashing out colour and sound.

*

TOWARDS THE VERSE

Black on stiff white
apparently blind to each other
each on its single track, flying a parallel path, dependent
and breathless before the void.

As I follow their paths I feel my shackles loosen.
As I shuffle through their stones
discovering underground connections
and my lips haul them onwards
as I breathe life in waves through the shroud of the page
I am

je renais double
à ma gorge un jumeau
un tuteur à mon sang.

*

Sources brisées
terres vaines
charrues de soie
nous labourons pour chanceler.

En toi mon sillon restera sans tige.

Que la fleur de ta mémoire
s'entête aux pentes
où luiront les soleils efficaces
s'il ne suffit de nos fronts
de nos bras réchauffés.

*

Le ciel replet
sa pâte soluble
mais la grille des peupliers.

Le soleil tendu
mais la jeunesse du feu
la terre sans bouche.

Refusé
tout un possible
– flocons d'éclairs –
pense la beauté à venir
en cheveux

I am reborn a second self
a twin inhabiting my throat
the guardian of my blood.

*

Choking well-springs
hopeless lands
silken ploughs
we till as long as we stagger.

Within you my furrow stays stemless.

Let your memory's flower
root on the slopes
where helpful suns will glow for us
in case our brows' and arms'
new warmth does not suffice

*

The heavens replete
with rising dough
despite the griddle of poplars.

The sun all on edge
despite its new-born flames
and the mouthless earth.

Rejected
the whole of an option
– flakes of lightning –
reflecting the beauty to come
hair dishevelled

et, fumante d'oiseaux
sa traîne de marbre.

*

Dans ces trous
ont logé les amandes
qui montaient la ruche du jour.

Tant de vide obstrue.
Le silence est sans coudes
la fenêtre une larme.

Loin de nous je sais
un nouveau temps dispose ses frontières.

*

Peut-être en nous: rien
l'air coule-t-il ses millions de visages.

Peut-être en lui: nos cris
seulement gaines de ses épées.

*

L'aube dehors
au ciel ferme son lit
rassemble les bruits sur la terre.
Dedans
le chat dort
l'éclair du jeu dompté
en sa forme d'oubli.

and her marble train
smoking with birds.

*

In these holes
lived almonds
hauling up the hive of daylight.

So much emptiness obstructs.
Silence is jointless
the window a teardrop.

Far from us I know
the new times draft their new frontier.

*

Perhaps within us: nothing
the air moulds its millions of faces.

Perhaps within it: our cries
merely sheathing its swords.

*

Abroad the dawn
folds up the sky's camp bed
gathering noises earthwards.
Indoors
a cat lies sleeping
playful lightning tamed
in its oblivious form.

L'homme encore
écoule cette nuit-ci:
débris épars
miettes du jour passé.

Veilleuse altérée
une tête s'effectue
au répit de roses tiédeurs.

*

LE MIROIR

Tout l'été sous l'éclipse
il a couvé la permanence:
immobiles vallons de formes accoutrées
et sur l'arène aux degrés
un public chétif en attente de doigts.

Où la semence? Algue du geste
séjours inquiets
enfants capturés dans leur course.
Avant
chaque jour absorbé
remisait à l'arrière une franche récolte.

La communion n'est plus
et nulle épreuve.
Peut-être selon l'heure
quelque pupille incise
quelque roseau de feu glissant
son arc bref sur un cadran mort

Distante
l'eau rouverte ne consent pas des étrangers.

A man once more
spins out the night:
scattered débris
crumbs of yesterday.

Nightlight guttering
a head recreated
in the breathing-space afforded
by rose-tinted warmth.

*

THE MIRROR

All summer darkened by eclipse
it held its usual self in check:
immobile rifts of costumed forms
in staggered ranks arenas of
ghostly spectators await their cues.

Where is the seed? The seaweed of gesture
worried visits
children caught in mid-race.
Before
each day absorbed
stored up fresh harvests behind it.

No more communion
no more trials.
Perhaps from time to time
a pupil engraved
or a reed stem of fire
slicing its brief arc
over the dead dial.

The distant
waters reopen but turn away strangers.

Du visage au reflet
chacun autre à lui-même
la connaissance est à faire
le recel à délivrer.

– Mais comment dire à qui est sans oreilles?
– Comment croiser un temps où l'on n'a pas été?

Le jeu s'instaure.

Après un don véniel qui pénètre l'écart
jusqu'au piège
et mendie tout autant
le seul œil fléchit
celui clair
au tréfonds magnanime
et creuse
et veut saisir.

Quelque chose
une dépense
un apprêt
mange ses privautés
dépouille mieux que l'absence.

Deviner en reclus.

J'ai connu le vin des clartés
les brumes aveugles
la honte d'un arbre quelquefois.
Minime, dehors propose.
J'aimante.
Ensemble depuis peu
nous supputons des rouges pour vos yeux.

From face to reflection
each an alien to the other
knowledge needs remaking
the clandestine revealing.

– But how find the words for those who have no ears?
– And how meet a time that one never lived?

The game begins.

After the venial gift plunges deep
approaching the trap
but still craving alone
the single eye dims
its light
into generous depths
and burrows
determined to grasp.

Something
dispensed
something
prepared
destroys its privacies
strips bare
better than absence.

Guessing, reclusive.

I have known intoxicating lights
sightless mists
sometimes the shame of a tree.
Outdoors beckons, minimal.
I magnetise.
Recently met
we try out shades of redness for your eyes.

En petit j'ai vu châteaux forêts villages
et les plaines déchirées par mes frères écailleux.
Dans les livres.
Aux retours
j'aimais ces grandeurs sur vos robes nostalgiques
dans la respiration rousse de vos cheveux.

La joie toujours debout
prête à l'envol n'est pas science de glace.
Elle prolonge ailleurs la lumière.
Mais la peine – si – qui s'attarde
et la peur
autre connivence.

Justement
quelque chose lâche la peau où des salves dégainent
et mourantes
calquent la méduse enfermée.
Je tremble aux épaules des ramages
un cœur vibre à mon col
possédé.

Je fonctionne, fertile
répète sans servir
ne sais tendre l'oubli.

Enfouis, les soleils et les bouches
les alpages et les fronts marins
que vous auriez logés.
Un éclair pour ma lice.

Vite que la nuit m'étiole
talentueuse.
Plus tard est à marchander.

In smaller scale I saw the châteaux villages woods
and plains raped by my scaly brothers.
In storybooks.
On returning
my love scaled the heights of your dresses nostalgic
amid the russet sighing of your hair.

Joy always upright
ready for flight is no glacial science.
It spreads light elsewhere.
But sorrow – yes – which lingers
and fear
another collusion.

Precisely
something sheds skin where salvoes are loosed
and lie dying
enlacing the captive Medusa.
I shiver at the branching of the limbs
a heart is pounding in my neck
possessed.

I function, fertile
uselessly repeat
cannot offer oblivion.

Now those suns and mouths are swallowed
alpine pastures seaside vistas
which you might have housed.
I joust a lightning flash.

May skilful night come soon to
dispose me.
We'll haggle over what comes later.

Je ne suis que par vous.
Apposez-moi l'oiseau et l'arbre
le chant et la vigueur
ou donnez-moi quittance.

*

La saison est en marche avec tous ses manteaux.
L'opulente envahit
traînant à l'assaut ses seins verts.
Le vide avale
la pierre s'exalte en fourrure.
Saisir ce jet de la terre
par son crâne mol et nu
là où parle sans mots l'ellipse bleue d'étreindre.

Qui n'a voulu déposer sa rouille
se gravir encore
chercher la respiration où s'étendre?
Une pomme est tombée au berceau de mes mains.

Prince, tu loueras mon cortège
ne te détourne pas
un lion ne peut avoir paume étroite.
L'émissaire est voilé et le don taciturne.
Si l'indice surgit de la blancheur fermée
du moins contre leurs angles
la margelle de tes yeux.

Le message aura lieu de bas en haut.
Il est de l'eau qui annonce et dément
remous sous l'écorce.
Il ne consent pas plus que ses nuages
l'envoi plié dedans comme un oiseau.

I only exist through you.
Grant me the bird and the tree
their song and their vigour
or give me my leave.

*

The season is on the move with all her mantles.
She is opulent, intrusive
spilling her green breasts into every breech.
The void engulfs all
stones flaunt their fur.
Oh to seize this surge of earth
by its soft bare skull
just where the azure curve mouths its silent embraces.

Who hasn't wished to slough their rusty skin
climb back up themselves
and find the breathing space to lie down in?
An apple fell into the lap of my hands.

Prince, you will praise my procession
do not turn your head
a lion's palms must open wide.
The envoy is veiled and his gift is discreet.
If clues erupt amid the secret white
at least its edges are resisted
by the outlines of your eyes.

The message will come rising from below.
Its waters announce and deny
quaking behind the bark.
There is no more consent in the clouds
than can be hidden within the wings of the bird.

Ce jour, de ma nuit à ma nuit
des roses ténèbres à l'aveugle volume
(Mais quel habit prendre quel visage?
Où hisser le drapeau pour qu'il ne se voie pas?)
une pomme est tombée au berceau de mes mains
et je lui ai donné à grandir.

Suavités vibrations
jeux d'encastrements.
Presque rien
accroc qui troublera la vitre
demain son sillage de craie.
Toi dont les yeux glissent
c'est ton sang qu'il faut écouter.
Quand mes pollens attisent
miels et tocsins
quand ma durée abonde
n'y es-tu pas?

Aujourd'hui pour t'obtenir
j'ai bâillonné l'hirondelle
assourdi l'olivier.
Où la vie échappait les débris de la mort décillent.

Sois fiévreux et obtus
l'offrande est là
le vrai nom quelque part
l'îlote en flammes et nous respirons ensemble.

Nul ne sera banni
les muets se tairont
chaque mot tombera dans son trou
le lait coulera des lèvres
jamais suri.
Il y aura, échangées sans cérémonie
des couronnes de plumes végétales.
Dans les verres innocents et frôlés
la fusion des sèves.

*

Today, from my night to my night
from rosy darkness to blind volumes
(But what cloak or what face to assume?
Where raise the flag if to keep it unseen?)
an apple fell into the lap of my hands
and I helped it to grow.

Velvety vibrations
wheels within wheels.
Almost nothing
a flaw disturbing the glass
tomorrow a chalk trace.
You whose eyes slip away
it's your blood you should heed.
When my pollen rekindles
bee-suck and death-knells
when I flower with waiting
are you not there?

Today to obtain you
I silenced the swallow
and shuffled the olive tree.
Where life ebbed the débris of death open our eyes.

Be feverish and obtuse
the offering is here
the true name not far away
the island in flames and we breathe together.

No one will be banished
the mute will fall silent
each word will roll into its hole
milk will flow from lips
never sour.
There will be unceremonial exchanges
of wreaths of leafy fronds.
In innocent glasses gently caressed
the saps will merge.

*

Froissée l'horizontale
quand la nuit remue des pensées.
La nuit large comme la mer, le ventre roulé comme la barque
dans le creux à peine apaisés
que survient l'autre vague.

S'absenter dans les muscles.

Avant le naufrage, aborder au cadran où suinte
assurant des murs
entrouvrant la vanne aux bruits mêlés
l'aube incolore.

*

C'est au-dessus des larmes.

Ta réplique mais à l'envers et trépassée
crâne contre crâne
de forme en flux
vermoulu contre vivace
qui distille ses alluvions
dans ton cœur au galop.

C'est au-dessus du cœur.

Les chairs que les os rejettent
mordent à ta chair
et l'enserrent
et s'y greffent
comme lèpre sur un tronc
en étreinte d'amour.

*

Horizontals crumple
as night ripples with thoughts.
The night an overflowing sea, bellies bobbing like boats
barely appeased in the troughs
before the next wave intrudes.

Going missing inside our muscles.

Before capsizing, berth beside the dial where seeping dawn
confirming walls
half-opens sluices to a monochrome
of mingled sound.

*

It's gone way beyond tears.

Your answer but reversed and deceased
skull to skull
from form to flux
depositing worm-ridden silt
in the lively bed
of your racing heart.

It's way beyond the heart.

Flesh rejected by bones
bites your flesh
encloses it
and grafts its coat
like gangrene on trunks
in amorous embraces.

*

Droite image du jour
tout espoir.
Chaque nuit qui t'éteint, te muselle et t'enroule
est l'étendue sans porte où la mort me saisit.

Lutter:
programme unique respecté dans le sang
brandit son arme invisible.

*

Qu'est-ce donc qui est vrai
sinon l'invisible foulure des doigts
sur le pain qu'on te donne?

Et lui-même disparu?

Sinon le regard étreint
même dans l'eau ternie du congé?

Chaque jour remet à la bouche une offrande mémorable
parle le visage au tissu mouvant de la coupe.

*

Lune sans sel
que chaque nuit défigure
ou déporte le temps.
Forteresse et colombe
marbre évanescent

Upright image of daylight
all hope.
Each night that extinguishes, muzzles and wraps you
is one more blind alley where death seizes me.

Protest:
programmed into the blood
brandishing unseen weapons.

*

What else can be true
but invisible fingerprints
kneading the bread you are given?

And when even that has disappeared?

What else but the eyes embraced
even in the troubled waters of departure?

Each day the mouth receives a memorable sacrifice
each day the face addresses the moving feature of the vessel.

*

Unleavened moon
each night disfigured
or deported by time.
Fortress and dove
ephemeral marble

la terre est invisible.
Pour y croire
se connaître vivant
il n'y a que ton œil
même occlu, en exil
où dormir s'amarre.

*

Aux membres de l'hiver des ventres
pèsent: gourdes de miel fendues
où boutent les moiteurs.
Langues lèvres élytres qu'on écarte.
Quelle main divisant la peau
écosse, impatiente, au-devant du très nu
le raide enfiévré?
Des oiseaux verts des mousses blanches
des fraises sourdent aux nœuds.
En bas dans la primeur
disques d'or en têtes, les agneaux du jour
se haussent.
Et terre
douce, tendue comme un drap, guette
sous la panse où
ses eaux jetées
la Tour au loin s'écartèle.

*

the earth is invisible.
In order to believe in it
and know the living self
there is only your eye
even clouded and exiled
where sleep is at anchor.

*

On winter's limbs some bellies
weigh: gourds of honey cleft
where dampness oozes.
Tongues and lips and creature's wings displayed.
What hand dividing skin
impatiently before the barest strips
the feverishly erect?
Green birds white moss
strawberries swell up in clusters.
Below in the freshness
haloed in gold, the lambs of daylight
rise.
And soft
earth, stretched like linen, watches
below the stomach where
its waters are spilt and
the distant Tower stretches itself apart.

*

Quel silence sous les tuiles du temps.
La jeunesse est dans la poussière
des insectes s'effritent à l'ange du rideau.
Il y a de l'eau jaune dans les creux
et des taches de sang aux genoux d'alors.

Ne tirez pas sur la mémoire
les mailles en sont durcies
la dentelle repose.
Les mouches d'aujourd'hui bourdonnent à la mort.

*

À nouveau il y a des courbes dans l'air
un œuf debout sur une étagère
les feuilles ont fini d'aboyer
les barbes de l'aile se couchent.
Rouge liseré
une coccinelle fait le tour d'un plat.
L'appui flottant d'où j'ai vu se tendre les lignes
se condense
et l'ombre allège à nouveau ses fumées.

Reste l'écho.
En moi une langue de cloche brûle encore.

*

Derrière leur hublot
ils voudraient parler comme la terre
mettre sur ses phrases
le gras, l'escale des saisons.

How silent under tiles of time
Youth turns into dust
insects crumble in the curtains' angel wings.
Blood stains the knees of yore.

Don't tug at memory
It stiffens the stitches
Lace is restful
Today's flies are humming to death.

*

Again there are curves in the air
an egg standing on a shelf
the leaves have stopped barking
the wings withdraw their barbs.
Red border
a ladybird tours the rim of a dish.
The float of air that held me tensely in its lines
condenses
and shadows once more clear their smoke.

The echo remains.
Within me there still burns the tongue of the bell.

*

They peer through their portholes
wishing they could talk like land
loading its speech with
the fasting and feasting of the seasons.

Ils voudraient nommer
ce qui sonne dans le cerf
risquant son arbre pour aimer.
Ce que met d'un fil
l'insecte sur la robe
le vide qui respire à l'embrasure d'un rocher.

Ou encore
encore ce silence:
quand les bestiaux du vent
marqués pour l'abreuvoir
là-haut, dignement se soumettent.

Ô mort dans ton langage clos
savoir des marais
où démontre, aphone et supérieur
l'ancêtre-poisson.

*

La parole doit regagner son œuf.
Pélicans éloignez vos mères
clameurs volez très haut
neiges embrassez son enclos.

Et pour un temps, bouches nostalgiques
pour un long temps
achetez-lui l'oubli le reflux.

Qu'elle naisse un jour
globale
monstrueuse
inconcevable.

They'd like to give a name
to whatever rings out in the heart of the stag
as it gambles its antlers on love.
The thread an insect spins upon a dress.
Absence gaping in the cleft of a rock.

Or even
even that silence:
when the cattle of the wind corraled and
branded for the heavenly
trough, comply with dignity.

Oh death with your closed language
knowledge from primeval swamps
where voiceless and superior
our ancestor the fish gives proof.

*

Now speech must curl back inside its shell.
Let pelicans their mothers shun
come cries arise in skies
of snow and fence it round with kisses.

And for a while, nostalgic lips
for times perhaps too long to tell
offer oblivion, ebbs don't flow.

That then one day speech may be rehatched
a monstrous
unimagined
globe.

L'Instant qui va
(Folle avoine 1985)

ÉCRIRE

Le noir au blanc veut s'accoupler
mais d'un amorphe et rose lien
dépendent: la main
son moyeu planté dans la page.

Braise sans vent
bête dans glu
et le maître si loin
dévoyé.

Entre eux, cassé le fil
arrondisseur d'anneaux
chacun mordant la chaîne.

Mur ou rideau?
Qui rompt la liesse, l'engrènement?
Sables?
au revers, le possible:
départs, combats
cimes
troupeaux tintements.

Hiver de la parole
comme arbre
migration d'oiseaux.

Silence. Froid

La page désuète près de la main clouée
s'enroule sur elle-même.

Passing Moments
(translated by Peter Collier)

WRITING

Black seeks to couple with white
but a shapeless pink go-between
rules them: the hand
whose stump is planted in the page.

Cooling cinders
an animal stuck in the mire
its master so distant
distracted.

Between them, the thread spinning
loops is broken
each link chafing the next in the chain.

Wall or curtain?
Who breaks the joyful interplay?
Quicksand?
on back, options:
departure, or conflict,
peaks
herds gently tinkling.

Winter of words
like a tree
migrating flocks.

Silence. Cold.

The page abandoned near the pinioned hand
curls over itself.

Ainsi l'oreille figée
l'œil aux abois
la foi sans nourriture.

Où sont les belles guirlandes d'autrefois?

*

MATURITÉ

On ne voit pas plus clair
on ne marche pas mieux dans la boue
un coup chasse l'autre
si le rouge demeure.
On a tôt fait d'apprendre
et tôt fait d'oublier
l'horizon n'entend pas
les sanglots du pavé.

*

Chaque jour
la vie se pose
sur l'œil qui s'ouvre.

        Perle en liberté
        il faut la prendre au filet
        courir
même sans appétit
avec les os froids du matin.

*

Thus the ear is congealed
the eye is cornered
faith goes unfed.

Where are the flowery phrases of yesteryear?

*

MATURITY

Nothing becomes any clearer
walking through mud gets no easier
new blows close old wounds
but their red stains still linger.
We learn soon enough
and forget just as quickly
the horizon is deaf
to the sobs of the road.

*

Every day
life alights
on the eye as it opens.

        A pearl rolling free
        to be caught in a net
        run, run
even with no appetite
with our cold morning bones.

*

NUAGES

Où le traîneau
où le cheval
et le convoyeur?

Le ciel a tondu ses moutons.
Il n'est qu'un long et plein grenier de laine
allant seul et sans hâte
comme aspiré.

Immobile là-bas
au terme pur du voyage
le matelassier joufflu
ses milliers de bras jaunes
encore tendus malgré le soir.

*

Ni dragons ni tamanoirs.
Ne crains pas, l'enfant.
C'est encore le jour
le jour propriétaire
mais la nuit vient s'asseoir
et son encre légère.. Nuit, nomade de la verticale
nuit parasite
rêvant ses désirs dans son propre corps.
La nue, la démunie
sans meubles, elle
sans maisons
sans fleurs sans abeilles.
Nuit jalouse
qui s'invente des richesses
jusqu'à mourir.
Il faut bien que ça bouge dans le noir.

CLOUDS

Where's the sledge
where the horse
and the escort?

The sky has shorn its whole flock of sheep.
It's all one long attic of wool
drifting lonely seeming slowly
inhaled.

Over there motionless
at the journey's ideal end
the mattress-maker glowing-cheeked
unravels thousands of yellow arms
though evening's waiting.

*

Neither aardvark nor the dragon
Must you fear, my little one.
The sun is still shining
The day is still king
While night waits offstage
With its faint inky message… Night, the gipsy wanderer
Night the vertical sponger
Dreaming desires within her own womb.
The naked wench, the beggar maid
without a bed
the view without a room
or a flower or even a bee.
Night is a jealous shrew
Forced to imagine her treasures
And die for their pleasures.
Deep in the dark she must keep moving through.

Ne crains pas, l'enfant.
Ni dragons ni tamanoirs.
C'est la nuit qui souffre.
Le jour est la seule peau de la terre.

*

Cloître à l'agonie
vitalité d'herbes en son cœur
montant à l'assaut des colonnes brisées
pour les étayer de leur grâce.

Encore au ras de terre
de plus jeunes verdures apprennent leur destin.

Little one, you mustn't mind
Dragon, aardvarck or their kind.
Night is sad but keeps them in.
Daylight is earth's only skin.

*

Grasses flourish in the agonising
cloister's heart
storming its broken columns
to splice them with borrowed grace.

Still on the ground below
newer green shoots are rehearsing their fate.

JACQUES RÉDA

Un calendrier élégiaque
(fata morgana 1990)

Janvier

Ce que j'aime en hiver, c'est l'élan nu des branches
Contre un ciel sombre ou très doucement lumineux
De turquoise, de rose un peu mauve, d'orange
Ou de vert et de gris, pâles, fuligineux,
Qui font avec ce noir un saisissant contraste.
On imagine une écriture au sens secret
Dont l'encre indélébile imprime sur le chaste
Horizon le poème obscur de la forêt.
Mais ce n'est qu'une vieille image. Une autre encore,
De croire que la branche inerte, sans couleur,
Se dresse comme un bras de malheureux implore
Ou se tord sous le vent pour dire sa douleur.
En vérité l'hiver est la saison parfaite
Où chaque branche emplit sa forme exactement
Et n'est rien d'autre qu'une branche qui répète
Sa présence accomplie entre le fond dormant
Du jour et le torrent sans rumeur des nuages.
Non: pas même un élan, ni la tranquillité;
Aucun enseignement caché, pas de présages –
Mais là, droite dans l'air qui semble inhabité,
Pur comme on l'est parfois d'espérance et d'images.

Février

Cette année encore on dira qu'on n'a pas eu d'hiver.
Dans l'air humide et mou, sous un ciel à moitié couvert,
Les bourgeons des lilas déjà gonflent; des sucres perlent
Au bout des rameaux agités par le vent, par un merle
Qui s'envole plus haut et se pose au faîte d'un toit

JACQUES RÉDA was born in 1929, and for a long time was a reader for Éditions Gallimard. He directed *La Nouvelle Revue Française* from 1987 to 1995. Réda is an inveterate *flâneur*, and spends a great deal of time wandering about Paris and its suburbs. He is a master of style and prosody, who enjoys games with verse, and plays form against content with considerable wit. The fleeting, the furtive, the intangible, the insubstantiality of appearances and the anonymity of beings are the main themes in his work.

An elegiac calendar

(translated by David Kelley)

January

What I love in winter is the naked thrust of branches
Against a sky which is sombre or softly lit
With turquoise, pink turning purple, with orange
Or greens and greys, pale and murky,
Creating against the black a striking contrast,
Suggesting a writing whose sense is hidden,
Whose indelible ink imprints upon the chaste
Horizon the obscure poem of the forest.
Yet that is but an old image. Let's find another,
Think that the colourless motionless branch
Is rising like a suffering imploring arm
Or twisting in the wind to recount its pain.
In truth winter is the most perfect of seasons
In which each branch fills with precision its form
And is no more than a branch, repeating
Its perfect presence between the sleeping depths
Of daylight and the unrumbling torrent of the clouds.
No: not the slightest thrust, not even quiet;
No hidden lesson, no presage of the future –
But there, upright in the seemingly uninhabited air,
Devoid as sometimes one is of hope and of images.

February

This year once more you'd think we never had a winter.
In the soft damp air, beneath a half-covered sky,
The lilac buds already swell; sugar bubbles form
At the tips of twigs tossed by the wind, by a blackbird
Flying higher and perching on the ridge of a roof,

Pour flamber dans le gris avec un si soudain émoi,
Qu'une grive, un pinson et des rouges-gorges l'imitent.
Et le jour qui semblait ferme s'agrandit sans limite
Autour du jardin vide où les pesants fauteuils de fer,
En désordre auprès du bassin qu'un souffle ride, ont l'air
De prolonger entre eux un colloque sur le silence.
Partout des souvenirs perdus flottent, parfois s'élancent
D'un amas de brouillard mais, trop faibles ou trop anciens,
Se dissipent sans qu'on ait pu dire: ce sont les miens.
Tel celui-ci quand on s'arrête à côté de la porte
D'un immeuble dont le couloir très sombre nous apporte,
Comme dans un remous, les jours qu'on a peut-être ici
Vécus jadis, puis oubliés. Nous ou bien quelqu'un d'autre
Qui dans un moment à son tour passera. Comme si
La mémoire n'appartenait à personne – la nôtre,
Incertaine, mêlée à ces nuages déroutants
Que fait s'exhaler la chaleur d'un précoce printemps.

Mars

Comment et d'où venu, c'est difficile à dire.
Au bout de tous ces jours trop doux pour un hiver,
Il y eut un suspens et l'on aurait pu croire
Qu'un seul jour à jamais rampant nous enfermait
Chaque matin dans une saison inconnue,
Couleur d'étain, inerte, antérieure au temps
Ou d'après tous les temps. Et nous autres, futiles,
D'un rien distraits, d'un rien contents, la fin des temps
Nous avait échappé. L'infini sans issue
S'étendait devant nous, nivelé par le gris,
Buvait nos yeux, lavait nos fronts comme des lunes
Reflétant un soleil fourbu qui s'éloignait.
Mais d'où venu, comment, presque insensible encore,
D'un seul oiseau peureux qui picore sans bruit
Peut-être deviné, le printemps en sourdine
Cheminait, et parfois une empreinte semblait,
Rose au faîte d'un mur, fumée au fond des rues,
Avertir, fugitive: il passe, il est passé.
Comme un reflet aussi, la simple rémanence
De lumières bientôt éteintes. Maintenant,

To blaze in the grayness with such furious flurry
That a thrush and a finch and a robin follow suit.
And the daylight, which had seemed closed off,
Grows without limit, in the empty garden,
Where the heavy iron chairs, scattered beside
An ornamental pool, its water rippled by a breath
Of wind, seem to continue to talk about silence
Everywhere lost memories float, sometimes rise up
From a heap of mist but, too feeble or too ancient,
Are dissipated before you can say: these are mine.
This one for instance when we stop by the door
Of a building whose dark corridor brings forth
As though in an eddy, the days we perhaps spent
Here long ago and forgot. We or perhaps someone else
Who in a moment will pass in his turn. As though
Memory belonged to no one – ours,
Uncertain, mingled with those disturbing clouds
Breathed out by the warmth of a precocious spring.

March

How come and whence is difficult to say.
At the end of these days too mild for winter,
There was an abeyance, and we might have thought
That a single day for ever cringing enclosed us
Each morning in an unknown season colour
Of dull pewter, sluggish, preceding season and time
Or following all season and time. And we trifling,
By a mere nothing distracted or satisfied, had missed
The end of time. The blind alley of the infinite
Stretched out before us levelled by greyness,
Drank in our eyes, washed our foreheads like moons
Reflecting a disappearing fagged-out sun.
But whence come, and how, still almost unsensed,
Divined perhaps by a single timid bird silently
Scratching for food, springtime in a subdued tone
Was making its way, and sometimes an imprint seemed,
Pink on the peak of a wall, smoke at the end of a street,
To make a fleeting hint of its arrival: it passes, has passed.
Like a reflection too, the simple remanence
Of rapidly extinguished fire. And now

Attendre, espérer, non, ça n'était plus possible:
On allait rester là dans un seul jour sans nom.
C'est alors qu'on sentit cette chaleur étrange
S'établir avec le brouillard autour de l'air
Encore un peu plus froid qui consume les arbres
En cortège le long des talus scintillants.
Déjà venait sur nous, dans l'odeur de la neige,
Des jardins remués, ce souffle qui n'est pas
Que le retour prescrit du vent, mais la nouvelle
Pâque, le premier bond de l'esprit sur les eaux.

Avril

Après l'hiver clément j'entends chacun se plaindre
De l'extrême fraîcheur d'avril, qui me convient.
L'air vif, un ciel mouvant et gris qu'on voit se teindre
Des bleus tendres divers qu'un souffle diluvien
Noie et fait resplendir ensuite sur l'asphalte
Entre les ébrouements parfumés des tilleuls:
C'est bien. Le carrefour dont tous les feux s'exaltent
– Orange, rouge, vert – se vide et l'on est seuls
Emportés par le vent, vous et moi, belle ondée.
Vous me restituez cette émouvante odeur
Qui montait autrefois, de la rue inondée,
Comme de l'avenir et de sa profondeur.
Or ce n'était pourtant qu'une odeur de poussière
Un peu poivrée, avec le sucre des jardins,
L'iode des chevaux et l'âcreté du lierre
Ou du buis se mêlant aux effluves soudains
De la petite forge. Et limaille, soudure
Composaient des bouquets ou des brins de coucou
Avaient aussi leur place, et l'acide verdure
Qu'on rapportait les soirs de dimanche. Beaucoup
D'autres printemps depuis ont rouvert les corolles
Et ranimé le feu d'un soleil en péril,
Mais s'il n'en reste rien de plus que des paroles,
Je vis quand il revient le même mois d'avril.

Waiting, hoping, no, all that was no more possible:
We were going to remain there on a single nameless day.
Then it was that we felt that strange warmth
Install itself with the mist around the air
Still slightly colder swallowing up the trees
Lined up in procession along glittering slopes.
Already there reached us, in the smell of snow,
Of newly dug gardens that breath which is more
Than the prescribed return of the wind. It is
The new Passover, first bound of the spirit on the waves.

April

After the clement winter I hear all complain
Of the extreme chill of April, which I like.
Sharp air, a grey mobile sky you can see tinged
With soft and diverse blues drowned in diluvian breeze
And then reborn in splendour on the asphalt
Amidst the perfumed snortings of the lime trees:
It is good. The cross-roads whose lights all delight
– Orange, red and green – are emptied and we are alone
Born off by the wind, you and I, fine shower.
You bring back to me the emotive odours
Which rose in the past from the flooded street,
As though from the future and its depths.
Yet it was but the smell of dust, peppery,
But also containing the sweetness of gardens,
The iodine of horses and the bitter tang of ivy
Or beech mingling with the sharp and sudden panting
Of the little forge. And iron filings and solder
Made up bouquets where sprigs of cowslip
Also had their place, and the acid greenery
Brought back on Sunday evenings. Many other springtimes
Since have opened up their corollas to
Reinvigorate the fire of a threatened sun,
But if of those springs remains no more than words
I live when comes again the month of April.

Mai

C'est un dimanche, ou quelque jour pareil pour le silence,
   À la fin du printemps. Une solennité
   Familière. Le ciel garde une transparence
   Et l'air une fraîcheur, mais c'est presque l'été.
   Dans la petite cour très blanche, un seul côté
   Brille sans éblouir. On dirait qu'il absorbe
   Le trop-plein qu'un soleil retenu sur son orbe
   Déverse dans des champs aux épis presque mûrs.
   Un bleu chaste adoucit chacun des autres murs:
   Une colombe y passe en ombre subreptice,
   Et les bruits du matin dans la cour retentissent
   À la fois près et loin, comme s'ils traversaient
   Des épaisseurs de temps cristallines. Et c'est
   Le tintement d'un bol ou bien celui de l'anse
   D'un seau, puis un marteau qui cogne sur un clou.
   Mais aucun de ces bruits n'entame le silence:
   Ils en font éprouver la profondeur. Et tout
   Y demeure saisi dans un remous de calme
   Où je voudrais ma place avec eux ce matin
   Et pour toujours dans la lenteur dominicale,
   Entre une porte basse ouvrant sur un jardin
Et l'enfant qui par terre écrit des signes indistincts.

Juin

Jadis ces feuillages épais et brassés par la pluie
Ruisselant à la fin jusque dans le sous-bois mouillé
Sur un visage et sur des mains d'enfant agenouillé
Non pour prier, mais – par amour – boire quand il s'ennuie
Un peu de cette eau douce en respirant l'odeur du foin
Coupé trop tard (et l'on voyait s'affaisser chaque meule;
En écoutant la cloche d'un village rôder seule
Sous les nuages bas): c'étaient les délices de juin.
On se fondait dans les buissons fondus dans l'eau muette
Et l'on rentrait à la maison par le jardin trempé.
Les grands-mères incriminaient Médard et Barnabé.
Depuis l'auvent on regardait briller une brouette
Restée en travers d'une allée avec la grande faux.
La brouette était vide et la faux laissait, goutte à goutte,

May

It is a Sunday or some similarly silent day,
   Towards the end of spring. A homely
   Solemnity. The sky remains transparent
   And the air stays sharp, but summer is almost come.
   In the little courtyard, very white, a single wall
   Gleams without dazzling. You might say it absorbs
   The overfill poured down on the almost ripe corn
   Of the fields by a sun delayed in its orb.
   A chaste blue softens the other three walls:
   A dove passes like a surreptitious shadow,
   And the morning noises ring out in the courtyard
   Both near and far, as though they were crossing
   Crystalline layers of time. You hear for example
   The ringing of a bowl or the clattering of the handle
   Of a pail, and then a hammer hitting a nail.
   But none of these noises breaches the silence:
   Rather they make felt its depth. And everything
   Remains there caught in an eddy of calm
   In which I'd like to find a place this morning
   And for ever in the Sunday slowness,
   Between a low door opening upon a garden
And the child on the ground scribbling indistinct signs.

June

In the past this thick foliage stirred by the rain
Dripping down to the depths of the damp undergrowth
On a face and the hands of a child kneeling
Not to pray but – for love – to drink when bored
A little of that sweet water while smelling the scent
Of the hay cut too late (and you could see each stack lump;
Listening to a village belfry wandering alone
Beneath the low clouds): it was the delight of June.
You merged with the bushes merged with the silent water
And came back to the house by the rain-drenched garden.
The grandmothers were blaming Médard and Barnabus.
From the porch you could see gleaming a wheelbarrow
Left lying with the big scythe across a path,
The wheelbarrow empty, and time suspended, dripping

Le temps suspendu choir dans l'herbe. Et de même la route
Était déserte, avec le chant flûté des caniveaux.
Il pleuvrait donc longtemps encore, un peu comme au Déluge
Et, bien qu'on fût alors à peine au début de l'été,
Tout semblait accompli. Mais la pluie était un refuge,
L'Arche même voguant vers un espace illimité.

Juillet

Sur le cadran des mois qui tournent et repassent
En nous leurrant parfois sur le goût des saisons
(Ces printemps de janvier, octobre et ses foisons),
Juillet n'appartient pas au temps mais à l'espace.

Le temps semble l'avoir hissé sur un pavois
Et d'un large mais seul lent coup d'aile il s'envole
Tandis que le soleil suivant sa parabole
Tôt levé ne voudrait jamais (comme tu vois

Quand tu te dis: allons, encore un kilomètre;
Les arbres du chemin sont à peine obscurcis,
Le talus flambe encore où le soir s'est assis)
Quitter le bord de l'horizon et disparaître.

Longtemps il laissera ses rayons sourdement
Errer par la campagne et dans l'eau des rivières,
Et l'on ne saura plus discerner les frontières
Entre deux ciels en feu l'un l'autre s'allumant.

Puis, sans hâte surgi dans l'énorme volume
Étoilé, montera pour peser la chaleur
De l'air limpide et la lumineuse pâleur
Des routes, le plateau paisible de la lune.

Août

Dans la vieille maison qu'on n'ouvre plus qu'en août depuis
Longtemps, rien n'a bougé. Tout est pareil, dans chaque chambre,
À ce mois dont jadis juillet et le lointain septembre
Qui l'entourent faisaient un perpétuel aujourd'hui.

Slowly from the scythe into the grass. And the road too
Was deserted, with the fluted song of the gullies.
It would rain a long while yet, rather as at the time of the Flood
And, although summer had still only barely begun
It was as though all were completed. But the rain was a refuge
The Ark itself sailing off towards an unlimited space.

July

On the dial of the months which turn and return
Deluding sometimes as to the flavour of the seasons
(Those January springs, October and its abundance),
July belongs not to time but to space.

Time seems to have hoisted it onto a shield
And with a broad but slow and single stroke of the wing
It takes flight while the early rising sun
Following its curve would never (as you see

When you say: come on, just another mile;
The trees on the path are still hardly darkened,
The bank is still in flame where evening has lodged)
Leave the horizon's edge and disappear.

Long will it leave its rays to wander secretly
Throughout the countryside and in the rivers' waters
And we will no longer know how to tell the borders
Between two skies on fire each lighting the other.

Then, slowly looming in the enormous star-studded
Volume, will rise to weigh the warmth
Of the limpid air and the luminous pallor
Of the roads, the untroubled scale of the moon.

August

In the old house no longer opened but in August for
Many a year, nothing has changed. All is the same, in each room,
To this month which July the past and the far off September
Surrounding it make into an everlasting today.

Mais sur les meubles sans poussière, aux murs pleins de silence,
Où que l'on se tourne, voici les traces d'un passé
Qui s'efface ou s'effacera. Souvent alors on pense
À ceux qu'on ne voit plus sinon sous du verre glacé
Où leurs visages adoucis par une indifférence
Semblent nous juger ou sourire. Et qu'est-ce que leurs yeux
Sans mouvement, qu'habite encore une étincelle pauvre,
Fixent derrière nous? Comme si maintenant, ces lieux,
Nous allions les vider aussi pour nous perdre d'un autre
Impensable côté dont pourtant on devine ici
La présence dans les rideaux, à la fenêtre ouverte
Sur le roucoulement d'un ramier, le ciel agrandi
Par la chaleur, et la forêt encore verte
Qui devient lentement fumée au soleil de midi.
Et ce mois immobile où jadis on crut pouvoir être,
Sous le poids du jour, tel que l'eau tranquille d'un lavoir,
C'est donc là qu'il faut désormais apprendre à disparaître
Comme ont fait tous ces yeux qui nous regardent sans nous voir.

Septembre

I

Août 1988 est mort. Il a vécu.
Il s'en est allé dans la nuit (zéro heure précise),
Dieu sait de quel côté où sans fin tout et d'un seul coup
Bascule. Et non pas tant les mots ni les os invisibles
Des vivants, rembourrés de chair confortable, d'un doux
Tissu de peau souvent poilu, que leurs âmes. Et l'âme,
Souffle de notre souffle, est-elle autre chose que temps,
L'éternel mourant qui renaît de sa fumée, en flamme
Dévorante qu'emporte un bras sans corps? Où va le temps
Perdu de seconde en seconde? Est-ce notre mémoire,
Comme un vaste et confus bureau des objets égarés
Qui l'accueille avant de sombrer à son tour dans la noire
Épaisseur d'où rien ne surgit que ce bras déchiré?
Non, le temps meurt ainsi qu'un long défilé de bougies
Une à une éteintes au bord de nos souffles ardents.
Et ce que chacune éclairait, alors se réfugie
Pour un moment sur le rebord d'un autre gouffre, dans
La pénombre de ces enfers où rôdent malheureuses

But on the speckless furniture, on the walls filled with silence,
Wherever we turn, we find the traces of a past
Being or soon to be effaced. So often we think
Of those we no longer see, except beneath the glitter of glass
Where their faces softened by a kind of indifference
Seem to judge or to smile. And what do their unmoving eyes
Still alive with a meagre spark fix their gaze upon
Behind us? As though now we were about to empty
Those places to loose ourselves too in another
Unthinkable side whose presence we yet sense
Here in the curtains and in the open window
In the cooing of a ring-dove, the sky enlarged
By the heat, and the forest still green,
Slowly turning to smoke in the midday sun.
And this unmoving month in which we once thought
We might find being, beneath the weight of daylight
Still as the waters of the washing place. So there it is
That henceforth we have to learn to disappear
Like all those eyes that watch us without seeing.

September

I

August 1988 is dead. It has lived its life.
It went off in the night (at precisely zero hours),
God knows on which side, where endlessly everything
Immediately totters. And not so much words or the invisible bones
Of the living, stuffed with comfortable flesh, with a soft
Skin fabric often hairy, but their souls. And the soul
Breath of our breath, is it other than time, the eternal
Moribund reborn from its smoke, in devouring
Flame carried off by a bodiless arm? Where goes the time
Devoured second by second? Is it our memory,
Like a vast lost property office in disarray
That takes it in before taking its turn to founder in the black
Bulk from which nothing emerges but this ripped arm?
No, time dies like a long procession of candles
Snuffed one by one on the edge of our ardent breaths.
And what was lit by each one, then goes and takes refuge
For a moment on the ledge of another gulf, in
The penumbra of those underworlds in which prowl

Nos saisons mortes. Cependant beaucoup de souvenirs
Entrent et restent prisonniers dans les choses poreuses
Qui parfois se perdent aussi mais ne savent mourir.
C'est pourquoi tout objet nous paraît si plein de mystère
Et, bien qu'inerte et sans parole, un peu radioactif.
Peut-être entendez-vous la tristesse qui vocifère
Sur la brocante énorme où toute mémoire aboutit?
Moi je l'entends, elle m'obsède, et je ne manipule
Jamais ces épaves sans crainte et sans humilité,
Songeant à celles que ma vie instable, somnambule,
Abandonne jour après jour. Or ce dernier été,
J'ai perdu mon blaireau sur la route ou dans une chambre
D'hôtel où, de quelque façon, je reste enseveli.
Puis j'ai perdu comme chacun le mois d'août, et septembre
Est venu ce matin, sournois. Je l'entends de mon lit
Se faufiler à pas furtifs de pluie entre les branches,
Laissant sa clarté se dissoudre au fond d'un ciel couvert.
Je l'ai connu plus triomphant. On dirait qu'il se penche
Pour rejoindre sans être vu l'automne, puis l'hiver.

II

Mais septembre doré revient. On est presque en octobre.
Jamais le ciel n'aura paru si profond et si bleu,
Si vaste l'étendue où les forêts sombres encore
Offrent au vent plus large un front de fraîcheur et de feu.
Les champs rouges, les prés, les collines et jusqu'à l'ombre
De chaque arbre isolé sur l'herbe et de chaque poteau,
La lumière les prend, les pénètre; elle désencombre
Les chemins blancs où la chaleur desserre son étau.
Et celui qui marche a senti le bond brusque des routes
Dans le cercle agrandi du jour vers tous les horizons.
S'étonne-t-il que le déclin proche de la saison
Entraîne un tel sursaut de vie et d'espace? – il écoute
Leur torrent limpide frémir avec les peupliers;
Il regarde le bleu massif s'éclaircir à mesure
Que s'avance le soir et, par sa transparente usure,
Montrer la profondeur d'un espace multiplié.
(Oui, regarde, respire, et marche à travers l'incendie
Qui déjà tarit en secret les sources de l'été:
Le souffle qui l'attise, en même temps nous congédie
Et nous élève au cœur d'une indestructible clarté).

Sadly our dead seasons. And yet many memories
Enter and remain captive within the porous things
Which are sometimes also lost but cannot die.
That is why each object appears so full of mystery
And, even inert and lost for words, almost radioactive.
Perhaps you can hear the sadness vociferating
In the great junk-shop where all memories end?
I hear it, obsessed, and never handle
This jetsam without fear and humility,
Thinking of those that my unsleeping, unstable life
Abandons day by day. Yet, only this last summer
I lost my shaving brush on the road or in a hotel
Room, where somehow, I remain entombed.
Then, like everyone else I lost August, and September
Came in this morning furtively. I hear it from my bed
Slinking with shifty steps of rain between the branches.
Leaving its light to dissolve in the depths of a clouded sky.
I have known it more triumphant. You'd think it bent
To meet unseen the autumn and then the winter.

II

But golden September returns. October is nearly here.
Never will the sky have appeared so deep and so blue,
Never the distance so vast in which the still dark forests
Offer to the broadest wind a forehead of freshness and fire.
The reddened fields, the meadows, the hills and even
The shadow of each tree outlined on the grass and each post
Is caught by the light and pierced. Light disencumbers
The white paths where the heat unscrews its vice.
And the man who walks has felt the sudden bound of the roads
In the enlarged circle of daylight towards all horizons.
Is he surprised if the approaching decline of the season
Brings with it such an outburst of life and space? – he hears
Their limpid torrent tremble in tune with the poplars;
He watches the mountain mass of blue lighten as the evening
Advances, and by its transparent wear and tear,
Reveals the depths of a space which is multiplied.
(Yes, look, breathe, and walk through the fire which
Already secretly dries up the springs of the summer:
The breath that fans it also bids us farewell
Lifts us up to the heart of a brilliance beyond destruction.)

Octobre

On laisse encore la fenêtre ouverte, car octobre
Est doux dès le matin dans sa brume qui, peu à peu,
Se défait devant le halo d'une lanterne – elle clignote,
Venant de loin par des chemins invisibles. Ce feu
Va grandir lentement et se propager aux érables
Qui se dégagent du brouillard d'un seul coup en flambant.
Mais le fond du jardin demeure absent sous une pâle
Épaisseur avec ses oiseaux, ses dahlias, le banc
Où chaque feuille morte choit comme une vieille lettre.
Si l'on passait alors on hésiterait à s'asseoir
Sur ce banc, de peur de troubler la mémoire d'un être
Qui se souvient du même endroit et ne peut le revoir
Sans qu'à nouveau le même coup douloureux ne l'atteigne.
Et c'est vague, bien sûr, mais presque aussi fort que perdu:
En témoigne ce fer planté profond entre deux pierres
Et qu'une main pour l'arracher a vainement tordu.
Cependant sur le sol les feuilles posent une trace
D'un rouge un peu moins sombre, et le brouillard s'est éclairci.
À travers l'éblouissement d'or et d'oiseaux des arbres,
On distingue un instant la plus longue allée. Et voici
Qu'un rayon plus ardent s'avance et, dans une minute,
Si l'on osait attendre et jouer avec le destin,
On saurait ce qui s'est passé, là, dans la solitude,
Un matin d'octobre où l'espoir augmente puis s'éteint.

Novembre

N'était ce froid démenti par le thermomètre,
Mais lourd d'humidité qui pénètre les os,
On pourrait croire que novembre va promettre
On ne sait quel printemps. Et même les oiseaux
S'y trompent, sous un ciel pourtant bas qui galope
Assez vite parfois pour déchirer d'un coup
Cet épais coton gris dont il nous enveloppe,
Sur la flamme d'un bleu brûlant. Mais il recoud
Ou recouvre en hâte aussitôt les déchirures,
Et l'on retomberait dans un demi-sommeil
Frileux, si dans la cour déjà sombre à quatre heures
Le tilleul ne brillait comme un autre soleil.

October

You still leave the window open, for October
Is still soft in its morning mist which slowly
Unfurls before the halo of a lamp – it blinks,
Coming from far away by invisible paths. This fire
Will gradually grow larger and spread to the maples
Suddenly freed from the fog and flaming.
But the bottom of the garden still absent beneath a pale
Layer with its birds, its dahlias, the bench
Where each dead leaf drops like an old letter.
If you passed then you would hesitate to sit
On that bench, fearing to disturb the memory of a being
Remembering the same place and unable to see it once more
Without feeling once more the same attack of pain.
All that is vague of course but almost as powerful as lost:
Take as witness this iron stake deeply planted
Between two stones bent by a vain attempt to extract it.
And yet on the ground the leaves lay a trace
Of a somewhat lighter red, and the mist has lifted.
Through the dazzling of gold and of birds in the trees,
You glimpse for an instant the longest path. And then
A more ardent ray approaches, and in a moment,
If you dared to wait and play with destiny,
You would know what happened, there, in solitude,
One October morning where hope grows and then dies.

November

Were it not for this chill the thermometer belies,
Yet heavy with that dampness which seeps into the bones,
You might think that November will hold the promise
Of some unknown spring. And even the birds
Are mistaken, beneath a still lowering sky sometimes
Racing fast enough to rend in a flash
That thick grey cotton in which it winds us
Against the flame of a fiery blue. But it sews up
Or patches up in a trice and in haste the tears,
And we would fall back into a chilly half sleep
Were it not that in the courtyard already dark by four
The plane tree shines like another sun.

Et l'on voudrait toujours, à mesure que l'ombre
Descend au fond du coeur que l'âge rétrécit
Et que des souvenirs inutiles encombrent,
Préserver un soleil semblable à celui-ci.
Qu'il soit, dans le brouillard où plus rien ne surnage
De ce que l'on avait nommé l'éternité,
Un astre intérieur pour le long hivernage,
Tant que les vents ne l'auront pas déchiqueté.

Décembre

Rien ne bouge. On atteint l'équilibre, mais au plus bas.
Un soleil invisible établi vers le pôle,
Sans force et sans chaleur, cogne contre l'épaule
D'un ours qui se dandine. On est à la fin des combats.

Qui pourrait dire «j'ai vaincu»? Personne. La lumière
Accepte d'héberger un fond d'obscurité
Qui la rend plus craintive, et son intensité
Trouve aussi refuge dans l'eau secrète d'une ornière.

Partout ailleurs elle renonce et rompt avec l'élan
Qui la porte et toujours modèle ou magnifie
Même le plus ingrat des formes de la vie;
Il n'est plus rien qu'elle colore ou fasse étincelant.

Mais de chaque chose réduite à ses sombres ressources
– Des champs bruns, des murs nus, de rigides rameaux –
Sourd un chant grave sans mélodie et sans mots
Que le vent exalte ou disperse au hasard de ses courses.

Et celui qui s'avance alors vers le soir, inquiet
De sentir se fermer l'étreinte du silence
Et retomber un poids que plus rien ne balance,
S'il entend ce chant connaîtra la voix de ce qui est,

La profonde épaisseur de tout, l'inlassable manège
Des cycles achevés et sans fin renaissants;
Et tandis que la nuit vient, il s'apaise, sans
Qu'ait dansé le moindre flocon d'espérance ou de neige.

And we would like to preserve for ever, as shadow
Descends over the depths of a heart withered by age
And encumbered with meaningless memories,
A similar sun to this. That it be, in the November mists
Where nothing remains afloat of what we had named
Eternity, an inner sun, stored for the long hibernation,
So long as the winds have not rent it asunder.

December

Nothing moves. We find the balance, but at its lowest point.
An invisible sun established towards the pole,
Lacking in strength and warmth, strikes at the shoulder
Of a lumbering bear. The combats reach their end.

Who could say 'I vanquished'? No one. Light
Agrees to take in a heel-tap of darkness
Which makes it more fearful, and its intensity
Also finds refuge in the hidden water of a rut.

Everywhere else it gives up and breaks with the fire
Which carries it on constantly modelling or magnifying
Even the least promising of forms of life;
There is nothing more that it colours or makes gleam.

But from each thing reduced to its sombre means
– Brown fields, naked walls, stark twigs –
There rises wordless and tuneless a serious song
Exalted or dispersed at the whim of its wanderings.

And the man who goes towards evening, disquiet
To feel closing in the embrace of silence
And falling a weight that nothing can any more balance
If he hears this song will know the voice of what is,

The deep density of all, the unflagging merry-go-round
Of cycles ended and ceaselessly reborn;
And as night comes, he finds peace, without
There dancing the slightest flake of hope or snow.

Ne recommençons pas, au risque de redire
Les mêmes mots, alors que les quatre saisons
Reviennent, mais jamais les mêmes – c'est la lyre
Qui rouille et se détend. Au besoin, relisons

Tel vieux calendrier resté dans une armoire
Avec ces jours lointains où l'on n'existait pas
Ou si peu qu'on en a perdu toute mémoire.
Puis le temps patient nous aura, pas à pas,

Rejoints. Voici qu'après une longue inertie,
Il galope, s'emballe et qu'il nous laisse en plan.
Nous ne sommes plus rien qu'une péripétie
Dépassée: il lui faut du neuf et du troublant.

Nous vivons maintenant du côté des images
Qu'au moment de Noël apportait le facteur:
Comme elles devenons silencieux et sages
Dans un perpétuel présent libérateur.

Let us not begin again, for fear of repeating
The same words, whereas the four seasons return
But never the same – it is the lyre which rusts
And slackens its strings. If needs be let us read

Some old calendar remaining in a cupboard
With those faraway days in which we never were
Or so barely that of them we have lost all memory.
And then time with its patience will step by step

Have caught us up. And so, after long standing still,
It gallops, bolts and leaves us standing.
We are no more than a chance encounter
Left behind: it needs something new and disturbing.

So now we live beside the images
Brought by the postman at Christmastide;
Like them we become silent and sage
In an eternal liberating present.

ANDRÉ VELTER

Une fresque peinte sur le vide

(fata morgana 1985)

De très loin monte l'oubli, de très loin ce qui parle d'or pur, de foudre, de diamant. Être et ne pas être, il n'y a pas de question. Le destin passe pour un rêve d'étoile, la mort pour un changement de cap au jeu des éléments. Le monde a de la chair enfin, du souffle, un bestiaire et des cris. À la fois plus de sang et de sens, une complicité matérielle qui allie l'air et l'éther, l'eau, la terre, le feu. Alors le ciel libère l'autre couleur du voyage, comme si le silence, l'absence, l'altitude entraient dans le champ de la vision.

L'Himalaya n'appartient pas au commun du chaos. Surgi de l'au-delà de l'ombre, ultime ivresse du magma, il aspire à la transparence, dans l'exaltation du soleil et des glaces. Sa lumière crée l'infini, sa pureté terrifie ou transfigure, il mêle l'obsession inhumaine du désert et le défi des plénitudes. Il est mystère, miracle, miroir. Il est, plus fortement que l'éternité.

En ce séjour des neiges, l'harmonie rejoint la réalité portée à blanc. Sacrilège semble la vie, tout mouvement venu de l'éphémère. À la rigueur imagine-t-on un aigle, et seulement quand il plane. Les autres relèvent de l'impossible, des marges d'erreur qui improvisent: les autres, les hommes, les autres hommes.

Ce sont gens de hautes terres et de haut mutisme, gens de rocs, de rapides et de vents, gens d'horizons limpides, de nuits où s'éveiller, ce sont gens de vallées ocres, de pentes bleues, d'étendues vacillantes, ce sont ceux du Ladakh, Zanskar, Lahaul, Spiti, Khumbu, Sikkim, Bhoutan, ceux du Tibet, ceux des marches de Mongolie. Hors la loi habituelle des pesanteurs, ils peuplent ce qui ne devrait être que hanté, sillonnent cette part d'inaccessible où la nature se hausse jusqu'à l'imaginaire. Et ils ne sont pas tant sur cette immensité.

ANDRÉ VELTER was born in 1945, and describes his childhood as semi-nomadic. His literary career started in 1963 with pieces published in *Les Temps Modernes* (in particular in partnership with Serge Sautreau and later with Marie-José Lamothe). Since 1980 he has travelled widely in Eastern Europe and the Middle and Far East. In 1989 he founded the review *Caravanes*, and in 1990 he won the Prix Mallarmé. He also broadcasts reviews on France-Culture and writes literary journalism for *Le Monde*.

Fresco painted on the void
(translated by David Kelley)

From far away rises oblivion, from far away what speaks of pure gold, of thunder and diamond. To be and not to be, there is no question. Destiny is taken for the dream of a star, death for a change of course in the play of the elements. The world is finally fleshed out, with breath, becomes a bestiary and cries. Both more blood and more sense, a material complicity uniting air and ether, water, earth and fire. So then the sky releases the other colour of the journey, as though silence, absence, altitude were entering the field of vision.

The Himalaya are not part of the common run of chaos. Sheering up from beyond shadow, ultimate intoxication of the magma, they aspire to transparency amidst the exaltation of sun and ice. Their light creates the infinite, their purity terrifies or transfigures, mingling the inhuman obsession with the desert with the challenge of plenitudes. They are mystery, miracle mirror. They are, more intensely than eternity.

In this abode of snows, harmony meets reality white hot. Sacrilegious appears life, and all movement come from the fleeting. You might just imagine an eagle, but only soaring aloft. Others come from the realm of the impossible, margins of error playing out improvisations: others, men, other men.

These are people of high lands, of high silence, of rocks, rapids and winds, people of limpid horizons, nights in which to awake, these are people of ochre valleys, blue slopes, shimmering expanses, they are the people of Ladakh, Zanskar, Lahaul, Spiti, Khumbu, Sikkim, Bhutan, people from Tibet, from the marches of Mongolia. Outlawed from the habitual rule of gravity, they people what should be but haunted, cross that portion of the inaccessible where nature is hoisted up to the imaginary. And they are not many over this immensity.

D'eux j'ai reçu le pain du vide, aliment des nerfs et du cœur. Aussi la soif qui désaltère. Et la vue qui efface le temps.

Ici, ravin, ermitage ou village, le premier oracle est un double, le premier cavalier un frère, le premier yak une autre folie: une incarnation au sang lourd qui vit avec panache sa destinée d'être mythologique.

Ici l'on ne décuple jamais trop ses bras pour étreindre l'univers, avant de douter et de rire d'une émotion si vaste.

Ici l'on passe d'une absence à une autre. Chaque étape est une île sur l'océan de la terre. Chaque soir s'éclaire d'un chant d'argile sèche.

Ici l'altitude n'est pas hautaine, elle a l'élévation naturelle, naïve, éblouie. Un rien l'illumine, elle connaît le silence, l'aile brisée de la nuit, le jour incendié. Le vertige ne l'impressionne pas. Elle en a fini des conseils de prudence, de l'imprudence revendiquée aussi: elle tombe à pic, sans plus. Elle aime l'évidence du vent et la voix de la voie.

D'un regard mesure le vide
Accomplis ton œuvre et restes-en détaché
Choisis la flèche invisible d'éternité en absolu
L'évasion où vient éclore la grande aube qui n'est
La cible d'aucun retour.

From them I have received the bread of emptiness, food for the nerves and the heart. As well as the quenching thirst. And the sight which effaces time.

Here, ravine, retreat or village, the first oracle is a double, the first horseman a brother, the first yak another folly: an incarnation with weighty blood living with panache its destiny as mythological being.

Here you never extend the length of your arms to embrace the universe without first doubting, and laughing at such an enormous emotion.

Here you go from one absence to another. Each stage is an island in the ocean of the earth. Each evening lit by a song of dry clay.

Here altitude is not lofty, its elevation is natural, naive, bedazzled. A mere nothing can light it up, it knows silence, the broken wing of the night, daylight ablaze. Vertigo holds no awe. It has had its fill of prudent advice as of claims to imprudence. It loves the witness of the wind and the voice of the way.

Assess the void with a single glance
Finish your task and remain apart
Absolute choose eternity's invisible dart
The escape wherein is kindled the great dawn
Target of no return.

CORTÈGE

Moins que nomades plus que fantômes
Ils portent des secrets pareils à des fougères brûlées
Demeurent à la limite des choses
Aiment le silence et l'immensité
Le sable le soleil l'haleine de la nuit

Ils tremblent pour un mirage
Même s'ils n'ont pas soif
Ils campent près de l'abîme
Le vertige est masqué

Un peu moins d'apparence sur la peau
Un peu plus de vide dans les yeux
Déjà au-delà d'eux-mêmes
Ils voient sans y voir
Comme des ombres hantées

Celui-là déplace le bout du monde avec lui
À la pointe de l'âme tatoué sur l'épaule

L'autre se fait un profil d'empreinte
Détachée des limons
Joue creuse et ocre
Il chevauche l'hippocampe

Rêve d'or vent de paille
Loin très loin
Entre le presque et l'en allé
Brille le corps
D'un orpailleur dilapidé

Avec leurs parures d'oubli
Certains se donnent un sépulcre de cendres

Plusieurs poursuivent à grands cris les nuages
Les visages effrangés qui partent pour le Levant

CORTÈGE

Less than nomads, more than phantoms
They carry with them secrets like burnt bracken
Remain on the edge of things
Love silence and the immensity of space
Sand and sun and the breath of the night

They quiver for a mirage
Even without thirst
Set up camp close to the abyss
Vertigo is masked

A little less semblance on the skin
A little less emptiness in the eyes
Already beyond themselves
They see without seeing
Like haunted shades

One carries with him the end of the world
At the tip of the soul tattooed upon his shoulder

Another puts on an embossed profile
Freed from the silt
With ochre hollowed cheek
He rides the seahorse

Golden dream or wind of straw
Far very far
Between the almost and the disappeared
Glitters the body
Of a squandered panner of gold

With their vestments of oblivion
Some give themselves a sepulchre of cinders

Several chase the clouds with loud cries
Frayed faces in embarkation for the Levant

Le sage doucement s'efface

L'arpenteur a passé les bornes

D'un bivouac enfumé s'échappe une déesse
Et la brume très vite couvre jusqu'aux étoiles

Sous la tente l'astrologue
Dort sur une boussole

Un semblant de clarté pousse une aube semblable
Ivre de mots le traducteur achève l'insomnie
Où *c'est écrit*

Comme une balle dans le poumon gauche
Le reître s'est logé l'orage contre le cœur
L'éclair proclame sa justice
Mais la pluie l'accable de pureté

Quelques-uns comptent sur la chance
En rendant la monnaie avec des pièces trouées

L'adolescent au chapeau de feutre
Vit de départs et d'alarmes

Trois cavales indécises franchissent la *tranquera*
C'est dehors des deux cotés de la porte

Dans un reflet ancien
Le chasseur lit sa route

Le chœur des vieilles femmes souffle
Sous le givre des solstices éteints

Le dernier émigrant avait au cerveau une fêlure
Par où passa le chant du Royaume des Ténèbres

Caravane des caravanes
Ô tous les égarés
Trappeurs bergers danseurs exilés fortes têtes
Portefaix hors-la-loi devins ou funambules
Pèlerins transparents amoureux et ascètes

The wise man softly steps aside

The surveyor has stepped beyond the limits

From a smoke-ridden bivouac has fled a goddess
And the mist rapidly rises to cover even the stars

Beneath the tent the astrologer
Sleeps over a compass

A semblance of clarity points a similar dawn
Drunk on words the translator concludes the sleepless night
Wherein *it is written*

Like a bullet in the left lung
The warlord has embedded the storm against his heart
Lightning proclaims his justice
But rain overwhelms him with purity

Some count on chance
Giving change in coins with a hole

The adolescent with a felt hat
Lives on departures and alarms

Three indecisive mares cross the *tranquera*
It's outside on both sides of the door

In an ancient reflection
The hunter reads his way

The chorus of the old women whispers
Beneath the frost of dead solstices

The last to leave had a crack in his brain
Through which passed the song of the Realm of Darkness

Caravan of caravans
All the lost men
Trappers shepherds dancers exiles devil-may-cares
Stevedores outlaws sooth-sayers or tight-rope walkers
Transparent pilgrims lovers and ascetics

Ô vous les incertains
Les à peine apparus les tout juste partis
Une trace pour un songe
De l'air dans la doublure et personne
C'est de l'os c'est du sang
Du roc et des litières une ronde frontière
Un mouvement d'encens
D'un coup la fièvre puis rien
Poussière fille des larmes poussière autre ferment
Poussière poussière oui le feu sur les lèvres
La prière aux absents et l'absence de prière
Ô tous les égarés
Amants du ciel qui tenez des miroirs
Au creux des mains
Ô vous les incertains
De la ligne de crête ou des marges du Temps
On dit l'épopée blanche
Caravane des caravanes

You the uncertain
The barely appeared the just departed
A trace for a dream
Air in the lining and no one
It is bone and it is blood
Of rock and of litters a frontier round
An incensed movement
A sudden fever then nothing
Dust daughter of tears dust another ferment
Dust dust yes fire on the lips
Prayer to those absent and absence of prayer
All the lost men
Lovers of the heavens holding mirrors
In the palm of their hands
You who are uncertain
Of the crest-line or the margins of Time
We recount the whitened epic
Caravan of caravans

SELECTED BIBLIOGRAPHY

Yves de Bayser

Douze poèmes pour un secret, G.L.M, 1948
Églogues du tyran, Gallimard, 1953 (Granit, 1993)
Le Jardin, Tchou, 1970 (Granit, 1993)
Inscrire, Granit, 1979
Harcèlement, Granit, 1993

Louis-René des Forêts

Les Mendiants, Gallimard, 1943 (1983)
Le Bavard, Gallimard, 1946 (1993)
La Chambre des enfants: récits, Gallimard, 1960
Un malade en forêt, Fata Morgana, 1960 (1985)
Les Mégères de la Mer, Mercure de France, 1967
Voies et détours de la fiction, Fata Morgana, 1985
Le Malheur au Lido, Fata Morgana, 1987
Poèmes de Samuel Wood, Fata Morgana, 1988
Face à l'immémorable, Fata Morgana, 1993

Jacques Dupin

Cendrier du voyage, G.L.M, 1950
Gravir, Gallimard, 1971
Dehors, Gallimard, 1975
L'Éboulement, Éditions Galilée, 1977
Contumace, P.O.L, 1986
De nul lieu et du Japon, Fata Morgana, 1981
Les Mères, Fata Morgana, 1986
Chansons troglodytes, Fata Morgana, 1989
Rien encore, tout déjà, Fata Morgana, 1990
Alberto Giacometti, textes pour une approche, Fourbis, 1991
Échancré, P.O.L, 1991
Selected Poems, selected by Paul Auster, Bloodaxe Books, UK, and Wake Forest University Press, USA, 1992
Mirò, Flammarion, 1993
Matière du souffle, Fourbis, 1994

Lorand Gaspar

Le Quatrième état de la matière, Flammarion, 1966
Gisements, Flammarion, 1968
Histoire de la Palestine, Maspéro, 1968 & 1978
Sol absolu, Gallimard, 1972

Corps corrosifs, Fata Morgana, 1978
Amandiers, Imprimerie Hofer, 1980
Genèse, Thierry Bouchard, 1981
Patmos, Pierre-Alain Pingoud, 1989
La Maison près de la mer, Pierre-Alain Pingoud, Lausanne 1992
Égée, Judée, Gallimard, 1993

Edmond Jabès

Le Livre des questions, Gallimard, 1973 (2 volumes)
Le Livre des marges, Fata Morgana, 1975-84 (1: *Ça suit son cours*; 2: *Dans la double dépendance du dit*)
A Share of Ink: a selection from 'Je bâtis ma demeure', translated by Anthony Rudolf, Menard Press, 1979
Du désert au livre: entretiens avec Marcel Cohen, Belfond, 1980
Le Livre des ressemblances, Gallimard, 1976-1980
Le Livre du dialogue, Gallimard, 1984
Le Parcours, Gallimard, 1985
Le Livre du partage, Gallimard, 1987
Le Seuil; Le Sable: poésies complètes, 1943-1988, Gallimard, 1990
Désir d'un commencement; Angoisse d'une seule fin, Fata Morgana, 1991

Franck André Jamme

L'Ombre des biens à venir, Thierry Bouchard, 1981
Absence de résidence et pratique du songe, Granit, 1985
La Récitation de l'oubli, Fata Morgana, 1986
Pour les simples, Fata Morgana, 1987
Bois de lune, Fata Morgana, 1990

Gérard Macé

Le Jardin des langues, Gallimard, 1974
Bois dormant, 1980
Leçon de chinois, Fata Morgana, 1981
Où grandissent les pierres, Fata Morgana, 1985
Rome ou le firmament, Fata Morgana, 1986
Le Manteau de Fortuny, Gallimard, 1987
Les Petites coutumes, Fata Morgana, 1989
Vies antérieures, Gallimard, 1992
L'Autre hémisphère du Temps, Gallimard, 1995
Wood asleep/Bois dormant, translated by David Kelley, Bloodaxe Contemporary French Poets: 9, Bloodaxe Books, 1997

Jean-Michel Maulpoix

Henri Michaux: passager clandestin, Champ Vallon, 1984
Émondes, Fata Morgana, 1986
Ne cherchez plus mon cœur, P.O.L, 1986
Recherche du soleil levant, Fata Morgana, 1990
Dans l'interstice, Fata Morgana, 1991
Une histoire de bleu, Mercure de France, 1992
La Poésie malgré tout, Mercure de France, 1996

Joyce Mansour

Cris, Seghers, 1953
Déchirures, Minuit, 1955
Jules César, Seghers, 1956
Les Gisants satisfaits, Pauvert, 1958
Rapaces, Seghers, 1960
Prose et Poésie, Actes Sud, 1991

Bernard Noël

Dictionnaire de la Commune, Fernand Hazan, 1971
Extraits du corps. Poèmes complets 1954-70, 10/18, 1976
Le Château de Cène, Pauvert 1971 (10/18, 1977; Gallimard, 1993)
Treize cases du je: journal, Flammarion, 1975
Une messe blanche, Fata Morgana, 1977
Le Château de hors, Fata Morgana, 1979
Souvenirs du pâle; le même nom, Fata Morgana, 1981
L'Été langue morte, Fata Morgana, 1982
La Moitié du geste, Fata Morgana, 1982
Poèmes I, Flammarion, 1983
La Rumeur de l'air, Fata Morgana, 1986
Onze romans d'œil, P.O.L, 1988
Journal du regard, P.O.L, 1988
Portrait du monde, P.O.L, 1988
Les Peintres du désir, Belfond, 1992
André Masson ou la chair du regard, Gallimard, 1993
L'Ombre du double, P.O.L, 1993
La Chute des temps, Gallimard, 1993
Le Syndrome de Gramsci, P.O.L, 1994

Gisèle Prassinos

La Sauterelle arthritique, G.L.M, 1934
La Voyageuse, Plon, 1959
La Confidente, Grasset, 1962
Le Grand repas, Grasset, 1966
Les Mots endormis, Flammarion, 1967
La Vie la voix, Commune Mesure, 1971
Brelin le frou, Belfond, 1975
Pour l'arrière-saison, Belfond, 1979
Mon cœur les écoute, Liasse, 1982
L'Instant qui va, Folle avoine, 1985
La Table de famille, Flammarion, 1993

Jacques Réda

Amen, Gallimard, 1968
Récitatif, Gallimard, 1970
La Tourne, Gallimard, 1975
Premier livre des reconnaissances, Fata Morgana, 1985
Celle qui vient à pas légers, Fata Morgana, 1985
Le Bitume est exquis, Fata Morgana, 1986
Un voyage aux sources de la Seine, Fata Morgana, 1987
Un calendrier élégiaque, Fata Morgana, 1990
Affranchissons-nous, Fata Morgana, 1990
Sonnets dublinois, Fata Morgana, 1990
Lettre sur l'univers, et autres discours en vers français, Gallimard, 1991
Aller aux mirabelles, Gallimard, 1991

André Velter

Aïsha, Gallimard, 1966
Les bazars de Kaboul (with photographs by Marie-José Lamothe), Hier et demain, 1979
L'Archer s'éveille, Fata Morgana, 1981
Ce qui murmure de loin, Fata Morgana, 1985
Une fresque peinte sur le vide, Fata Morgana, 1985
L'Enfer et les fleurs, Fata Morgana, 1988
L'Arbre seul, Gallimard, 1990

FRENCH-ENGLISH BILINGUAL EDITIONS

Bloodaxe Contemporary French Poets

***Series Editors:* Timothy Mathews & Michael Worton**

1: **Yves Bonnefoy:** *On the Motion and Immobility of Douve / Du mouvement et de l'immobilité de Douve*
Translated by Galway Kinnell. Introduction by Timothy Mathews.

2: **René Char:** *The Dawn Breakers / Les Matinaux*
Translated & introduced by Michael Worton.

3: **Henri Michaux:** *Spaced, Displaced / Déplacements Dégagements*
Translated by David & Helen Constantine. Introduction by Peter Broome.

4: **Aimé Césaire:** *Notebook of a Return to My Native Land / Cahier d'un retour au pays natal*
Translated & introduced by Mireille Rosello (with Annie Pritchard).

5: **Philippe Jaccottet:** *Under Clouded Skies / Beauregard Pensées sous les nuages / Beauregard*
Translated by David Constantine & Mark Treharne.
Introduction by Mark Treharne.

6: **Paul Éluard:** *Unbroken Poetry II / Poésie ininterrompue II*
Translated by Gilbert Bowen. Introduction by Jill Lewis.

7: **André Frénaud:** Rome the Sorceress / *La Sorcière de Rome*
Translated by Keith Bosley. Introduction by Peter Broome.

'Bloodaxe's Contemporary French Poets series could not have arrived at a more opportune time, and I cannot remember any translation initiative in the past thirty years that has been more ambitious or more coherently planned in its attempt to bring French poetry across the Channel and the Atlantic. Under the editorship of Timothy Mathews and Michael Worton, the series has a clear format and an even clearer sense of mission' – MALCOLM BOWIE, *TLS*

Other French Editions from Bloodaxe

Jacques Dupin: *Selected Poems*
Translated by Paul Auster, Stephen Romer & David Shapiro.

Alistair Elliot: *French Love Poems*
Poetry Book Society Recommended Translation.

Pierre Reverdy: *Selected Poems*
Translated by John Ashbery, Mary Ann Caws & Patricia Terry.
Edited by Timothy Bent & Germaine Brée

Jean Tardieu: *The River Underground: Selected Poetry & Prose*
Translated by David Kelley.

Paul Valéry: *La Jeune Parque*
Translated by Alistair Elliot.